BRILLEN
DES 20. JAHRHUNDERTS

NEUE SAMMLERBIBLIOTHEK

KLINKHARDT & BIERMANN

B. Michael Andressen

BRILLEN
DES 20. JAHRHUNDERTS

Vom Kassenmodell
zum Designobjekt

Klinkhardt & Biermann

Graphische Gestaltung und Satz: Atelier Langenfass, Andrea Langenfass-Corn, Ismaning
Lithographie: EBS, Verona
Gesamtherstellung: EBS, Verona
Titelbild : Brille „Swatch"-Eyes-Pressestelle, von Haeberlein & Maurer
Die Deutsche Bibliothek – CIP-Einheitsaufnahme
Brillen des 20. Jahrhunderts: vom Kassenmodell zum Designobjekt / B. Michael Andressen. – München : Klinkhardt & Biermann, 1994
(Neue Sammlerbibliothek)
ISBN 3-7814-0371-8
NE: Andresssen, Bernd Michael

INHALT

Casanova
Casanova

VORWORT

Hermann Hesse besaß hunderte, Elton John sammelt seit Jahren und läßt zwischendurch versteigern, andere fangen gerade erst an zu sammeln und wieder andere wie unser Dichterfürst Johann Wolfgang von Goethe kneifen lieber die Augen zusammen, bevor sie auch nur eine Brille ansehen – ihnen allen sei dieses Buch besonders gewidmet.

Die Brille des Autors von Giorgio Armani, um 1990, schildpattfarbenes Acetat mit mattierter Metallbrücke

Die Brille avancierte in den letzten Jahren zum Stilmittel. Denn immerhin ist eine Brille – neben ihrer eigentlichen Aufgabe als optische Korrektionshilfe – die beste Möglichkeit, um Image und Aussehen zu verändern oder Weltanschauungen zu dokumentieren. Aber auch als Ausdruck eines sich ändernden Zeitgeistes, sprich Mode, hat die Brille jegliche Schrecken die mit Begriffen wie Alter, Schwäche und „Hilflosigkeit" verbunden sind, verloren.

Das 20. Jahrhundert brachte größere Entwicklungen der Brille als alle vergangenen Epochen. Die Ursache hierfür liegt in der Tatsache, daß sich zahlreiche namhafte Designer, Modeschöpfer und Künstler die veränderte Position der Brille zunutze gemacht, und sie als modisches Attribut in ihre Kollektionen respektive Œuvres aufgenommen haben. Dabei wurden ihre kreativen Bemühungen durch die Entwicklung neuer Kunststoffe und Technologien positiv beeinflußt. Schlußendlich war es jedoch die Auflösung des modischen Diktats, die ungezügelte Phantasien freisetzte und in den letzten Jahren zu einem wahren Feuerwerk an neuen Formen, Farben, Kombinationen und zugegebenermaßen hin und wieder auch ausufernden Auswüchsen führte.

Das Ergebnis ist eine unbegrenzte Vielfalt an Brillenfassungen, die es jedem Brillenträger ermöglicht, ob modebewußt oder individuell, jederzeit den Durchblick zu wahren, der seiner Persönlichkeit am ehesten entspricht. Doch auch diejenigen, die keine Korrektionsbrille tragen müssen – aber hin und wieder neidvoll auf ihre modisch oder ausgeflippt bebrillten Zeitgenossen blicken – haben durch ein unglaublich breites Spektrum an Sonnenbrillen Gelegenheit, den Spielarten des Zeitgeschmacks zu folgen.

Wer sich jedoch einmal mit einer Brille „eingelassen" hat, wird ihrer Faszination sehr schnell erliegen – und zum Sammler, dem in diesem Buch ein erster Überblick geboten wird.

Mein Dank für ihre Unterstützung gilt vor allem: Ursula von der Gönna, Dipl. Designerin; Hermine von Parish (Kostümforschungsinstitut München); Klaus Hachgenei und Claus-Heinrich Kühl (Rodenstock); Jürgen Tuente (Optisches Museum, Oberkochen / Carl Zeiss); Herbert Kurzenberger (Kurzenberger & Braun); Michael Jeinsen (Zentralverband der Augenoptiker); Manfred Wohlschläger (Optik Walger); Dr. Alfred Ziffer.

Weiteres Informations- und Photomaterial stellten mir folgende Unternehmen zur Verfügung: Bausch & Lomb, Carrera, Casanova, Cazal, Kriebel, l.a.Eyeworks, Luxottica, Marwitz & Hauser, Maske, Menrad, Rodenstock, Safilo, Carl Zeiss, Zentralverband der Augenoptiker, sowie die Presseagenturen Ingrid Grimm PR, PPR Harder, Angela Müller-Hausser und Peter Sechehaye.

links: Brillen von Casanova, vorne "Stillstand der Zeit"

ELTON JOHN

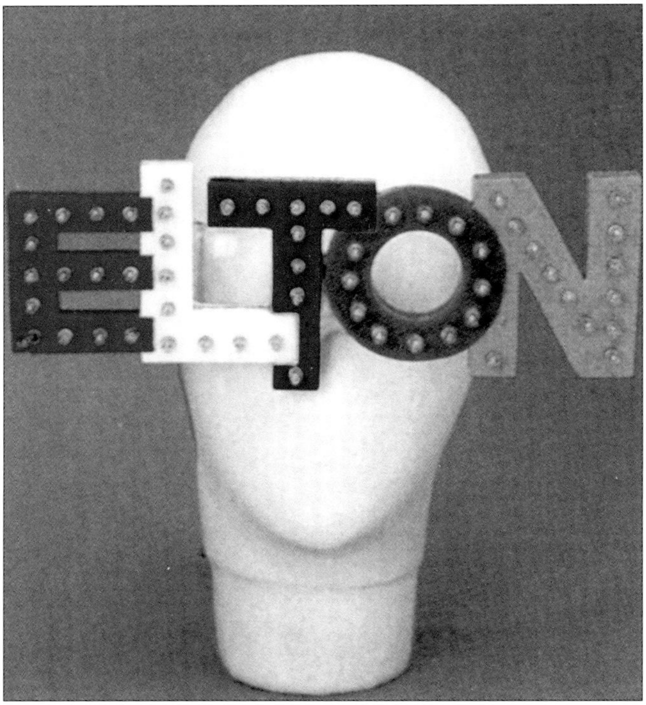

Brille ELTON mit Beleuchtung, bunter Kunststoff, Sotheby 's London

Ich möchte dieses Buch mit einem Sammler beginnen, der eigentlich kein Sammler ist.
Trotzdem ist es ihm zu verdanken, daß Brillen als Objekt der Sammlerleidenschaft in den Vordergrund getreten sind und neue Aspekte ihrer Betrachtung herausforderten.
Elton John, Popstar und Legende, ist eher ein Konsument, der wahllos alles kauft, was ihm zwischen die Finger kommt. Doch innerhalb der unglaublichen unterschiedlichen, von ihm zusammengetragenen Objekte, bilden seinen legendären Brillen eine eigene Sammlung individuellen Charakters und reizvoller Höhepunkte. Elton John ist es gelungen, aus einer Not, sprich aus seiner Kurzsichtigkeit, eine Tugend zu machen. Hätte er keine Sehschwäche gehabt, hätte er sicherlich auch nicht so ausgefallene und einmalige Brillen gesammelt.
Wie jeder richtige Sammler hatte Elton John schon früh mit seiner „Leiden"-schaft begonnen, von der er selbst sagt: „Ich war jahrelang nahezu süchtig danach, allen möglichen Kram zu sammeln. Schon als Kind wollte ich immer schöne tote Dinge besitzen, um sie im besten Zustand zu erhalten. Irgendwann aber dachte ich mehr an Gegenstände, als an Menschen. Und schließlich konnte ich die schönen Dinge nicht einmal mehr genießen."
Der Schwerpunkt seiner Kollektion lag, wie bei seinen Bühnenkostümen, immer auf dem ausgefallenen Design, denn die Brillen waren meistens Teil dieser Garderoben.
Während eines Interviews bei Sotheby's in London anläßlich der großen Elton John Auktion im September 1988 erklärte der Künstler, weshalb er auf dem Höhepunkt seines Ruhms nahezu alles verkauft, was er besitzt. „Um zu einem Normalmaß in meinem Leben zurückzufinden, mußte ich nicht nur mit dem Trinken aufhören, sondern auch all die Mengen von unnützen Sachen

loswerden. Mein Leben war einfach zu kompliziert und mußte vereinfacht werden. ... Mich konnte kein Mensch mehr besuchen, weil überall Kunstgegenstände und teure Vasen herumstanden. Von all diesem Tohuwabohu konnte mich nur ein radikaler Schnitt befreien." Natürlich kam in diesem Gespräch auch sein Verhältnis zu seiner Kleidung und seinen Brillen zur Sprache. Man stelle sich folgende Situation vor: Elton John, korrekt im Smoking mit Fliege, trägt um den Hals einen großen Kragen aus Bananen. Auf die Frage, ob die Bananen seine Idee gewesen wären, antwortet er: „Nein, die Ideen kommen immer von den Designern. Ich engagiere immer nur wirklich talentierte Leute und ich denke, man sollte ihnen erlauben, das zu tun, was sie für richtig halten. Es ist wie mit den Brillen. Sie waren nie meine Idee. Es gibt da diesen Brillenladen in Los Angeles. In den bin ich gewöhnlich gegangen und habe nachgesehen, was sie haben. Damals in den frühen siebziger Jahren hatten die Leute höchstens ein oder zwei Paar. Seitdem hat sich das Brillengeschäft natürlich revolutioniert."

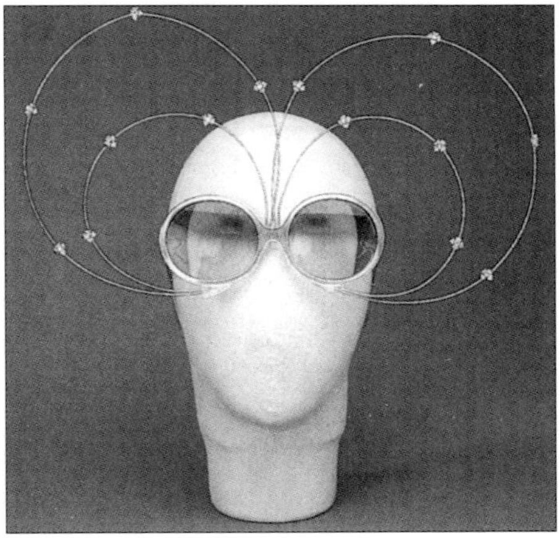

Planeten-Brille mit Straß, Sotheby's London

Frage: „War es nicht Michael Caine, der Jahr für Jahr Brillenträger des Jahres wurde?"
Elton John: „Im allgemeinen war ich ziemlich wütend darüber. Ich habe viel mehr für das Image der Brillen getan – oder besser, dieser Brillenläden – als jeder andere. Ich freue mich sagen zu können, daß ich schließlich die Auszeichnung 'Brillenträger des Jahres' doch noch gewonnen habe."
Zur Auktion gelangten 100 Brillen oder besser phantasievolle Objekte mit der Funktion einer Brille, die zum Teil untrennbar mit der Person und dem Stil des Künstlers verbunden sind.
Als Spitzenreiter entpuppte sich eine Brille, deren Fassung die Buchstaben E.L.T.O.N bilden. Sie bestehen in der Reihenfolge aus rotem, gelbem, blauem, schwarzem und orangem Kunststoff. In die Buchstaben sind kleine Glühbirnen eingelassen, die mittels einer Batterie zum Erleuchten gebracht werden. Dazu gehört ein Etui aus Metall, beklebt mit Labels von seinen Tourneen.
Der Schätzpreis lag bei 800 bis 1200 Pfund Sterling (2648,- bis 3972,- DM), erreicht wurden jedoch sage und schreibe 9900 Pfund, sprich 32.769 DM!
Das zweithöchste Ergebnis mit 3520 Pfund Sterling, umgerechnet 11.651,20 DM, erzielte ein extraordinäres Modell mit blau und gelb eingefärbten Korrekturgläsern in imitierter Perlmuttfassung mit je zwei kreisförmig angeordneten Drahtgebilden, die wie Umlaufbahnen eines Planeten anmu-

ten. Straßsteine ersetzen die Gestirne und machen den Träger zum Mittelpunkt allen Seins.
3190 Pfund, also genau 10.558,90 DM, brachte eine Sonnenbrille nach einem Entwurf von Alain Mikli.
Dabei handelt es sich um eine schwarze Fassung aus Plastik mit langen flammenförmigen Spitzen, die sich über die Stirn wölben. Besetzt sind die „Flammen" mit kleinen Straßsteinen und Messingperlen.
Und noch ein spektakuläres Ergebnis für eine ebenso spektakuläre Brille sei hier genannt. Den vierten Platz mit 2860 Pfund Sterling, umgerechnet 9 466,60 DM erreichte eine Kreation, die möglicherweise von l.a. Eyeworks stammt. Die grüne Kunststoff - Fassung ist mit Gold belegt und filigran verziert. Blaue und grüne Glasspailletten sorgen für einen dramatischen Effekt.
Passend dazu schimmern die Gläser blaugrün. Die Bügel enden in einer Messingkette.
Elton Johns Berufung als Musiker dokumentiert eine ganz besondere Fassung, bestehend aus zwei Konzertflügeln mit nach unten gerichteter Klaviatur. Die schmalen Korrektionsgläser schimmern in blau und rosa. Immerhin brachte dieses Modell 2310 Pfund, also 7 646,10 DM.
Der Gesamterlös der Auktion lag bei acht Millionen Dollar – ein ganz hübsches Sümmchen, oder wie Elton John es selber ausdrückte: „Acht Millionen Dollar. Ein seltsames Gefühl übrigens, denn normalerweise versteigert man Nachlässe von Toten." Übrigens kam es im Dezember 1993 noch einmal zu einer Versteigerung, bei der Elton John sich von einem großen Teil seiner Juwelen trennte.

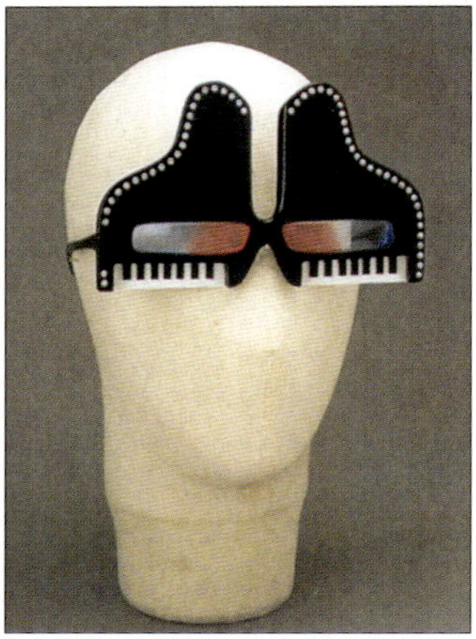

„Barock"-Brille, wohl von l.a. Eyeworks, vergoldete Fassung mit blauen und grünen Glassteinen, Sotheby 's London

„Flügel"-Brille mit Straß und rot-blauen Gläsern, Sotheby 's London

Sonnenbrille mit Straß, Sotheby's London

Darunter befand sich eine besonders wertvolle Brille. Regenbogenfarbige, wolkenförmige Gläser werden von einem verschlungenen Augenbrauenrand mit integrierter Brücke, die von einer kleinen Schleife gebildet wird, gehalten. Augenrand und Brücke sind mit Diamanten besetzt. Das Mindestgebot lag bei 3000 Pfund, hier also knapp 10.000,- DM.

Bei einer derartig umfangreichen – immerhin wurden bei der ersten Auktion 1988 genau 1924 Teile und bei der zweiten noch einmal 95 hochkarätige Schmuckstücke versteigert – vielseitigen und ungeordneten Sammlung ist es natürlich kein Wunder, daß Elton John keine Freude mehr an den Dingen finden konnte, schließlich wußte er ja nicht einmal mehr, was er im Laufe der Jahre alles zusammengetragen hatte. Seinen Hang zum Außergewöhnlichen hat Elton John allerdings behalten. Auf seiner Welttournee 1992 saß zwar auf seiner Nase immer nur eine Brille – allerdings handelte es sich um das Modell 616 von Alain Mikli, das außer Elton John nur der Entwerfer selbst trägt.

SAFILO-MUSEUM

Während der ersten Auktion im September 1988 ersteigerte der italienische Brillenhersteller Safilo, der unter anderem auch die Entwürfe von Missoni, Ralph Lauren und Gucci realisiert, über 20 Brillen aus dem Besitz von Elton John und setzte sich somit gegen Rock-Institutionen wie das Elvis-Presley-Museum und das Hard Rock Cafe durch. Ihre endgültige Heimat werden die Brillen im Safilo-Museum in Padua finden. Neben dem Ergebnis von Eltons zwanzigjähriger Sammelwut umfaßt das Museum einen repräsentativen Überblick über Brillen vom 15. Jahrhundert bis in die Gegenwart – oder, wenn man sich einige der futuristischen Modelle aus der Elton John Kollektion ansieht – bis in die Zukunft.

Brille mit Diamantbesatz und farbigen Gläsern, Sotheby's London

DATEN ZUR BRILLE

1000-1100	Der Araber Ibn el Haitham beschreibt die vergrößernde Wirkung eines gläsernen Kugelsegmentes.
1200-1300	
um 1240	Erste Lesesteine in Klöstern.
um 1290	Einführung des Einglases.
1300-1400 um 1350	Nietbrille in Norditalien: Die Fassung besteht aus zwei übereinandergenieteten Teilen. Das gestielte Einglas: ein einzelnes Brillenglas.
1400-1500	Bügelbrille: Die ganze Fassung besteht aus einem Stück, wobei die Gläser durch einen Bleiring in der Fassung gehalten werden.
1500-1600	Lederbrille. Mützen- oder Stirnstangenbrille: Eine Nietbrille wird mittels eines Halters an der tief in die Stirn gezogenen Mütze befestigt.
um 1517	Schlitzbügelbrille: Der Bügel besteht aus mehreren federnden Lagen, wodurch ein elastischer Steg entsteht. Konkavglas für Kurzsichtige.
um 1580	Fadenbrille: Die Augengläser sitzen in einer Hornfassung, die ein breiter Lederriemen verbindet. Alternative: Schläfenwärts befinden sich Löcher am Fassungsrand, durch die man Bänder oder Fäden ziehen kann.
1600-1700	Drahtbrille aus geplättetem Draht. Klappbrille: Mittels Gelenk in der Mitte des Steges können die Gläser übereinander geklappt werden. Klemmbrille mit elastischem Nasenbügel.
um 1686	Mehrstärkenbrille.
1700-1800 um 1727	Monokel: Einzelnes Glas, das durch den Schließmuskel der Augenlider gehalten wird.
um 1730	Schläfenbrille: Die seitlich angebrachten Bügel werden an die Schläfen geklemmt.
1752	Doppelstangenbrille: Brille mit ausklappbaren Doppelbügeln .
1783	Doppelbrille: zwei gelenkig verbundene Brillen.
1784	Erste Bifokalbrille mit getrennten, halbkreisförmigen Nah- und Fernteilen.
ab 1785	Einschlaglorgnette: Bei Nichtbenutzung können die Gläser in Haltegriff geklappt werden.
um 1795	Scherenbrille: Von unten wie eine Schere gehaltene Nietbrille (Benjamin Franklin).
um 1789	Lorgnette
um 1797	Brille mit ausklappbaren Lichtschutzgläsern (J. Richardson).
um 1797	Stirnreifbrille: Die Gläser sind an einem, in Stirnhöhe um den Kopf gelegten Reifen befestigt.
1800-1900	Ohrenbrille: Die seitlichen Stangen werden über die Ohrmuschel geführt. X-Steg-Brille.

Absender:

Name

Straße

PLZ/Ort

Ich habe diese Karte folgendem Buch entnommen:

Bitte frankieren

Antwort

Verlagsgruppe
Klinkhardt & Biermann
Landshuter Allee 38
D-80637 München

1804	Meniskusförmige Gläser mit besserer Abbildung der Randstrahlen (William Hyde Wollaton).
um 1820	K-Steg-Brille .
1825	Dreistärkenbrille, Wickellorgnette .
1827	Torisches Brillenglas für astigmatische Augen.
um 1830	Springlorgnette.
1836	Aus einem Stück geschliffenes Bifokalglas.
um 1840	Glasbrille des Wiener Optikers Waldstein.
ab 1840	Klemmer.
ab 1850	Amerikanischer Klemmer.
um 1860	Balkenklemmer.
1879	Diaphragma-Brille ohne störende Randreflexe.
ab 1890	Fingerklemmer, W-Steg-Brille.
um 1897	Verschmolzenes Bifokalglas.
1900-2000	O. Aves entwickelt ein progressives Brillenglas mit nach unten allmählich
1907	abnehmender Brennweite.
1908	Moritz von Rohr (1868-1940) beschert der Optik ein punktuell abbildendes Glas mit korrigiertem Astigmatismus schiefer Bündel.
1908/09	Allvar Gullstrand (1862-1930, Nobelpreis 1911) und Moritz von Rohr entwickeln asphärisches Glas für Staroperierte.
1910	Fernrohrbrille von Moritz von Rohr.
1911	Lupenbrille von Moritz von Rohr.
1912	Zeiss bringt „Punktal"-Gläser auf den Markt, bei denen der Astigmatismus schiefer Bündel für Blickwinkel bis zu 35° beseitigt ist.
ab 1920	Goertz bringt „Largon"-Gläser ohne Refraktionsfehler heraus.
1932	entwickelt Zeiss die „Perivist"-Brille mit ungehinderter Seitensicht sowie anatomisch geformten Ohrenbügeln.
1933	Rodenstock Bifokalgläser mit unsichtbarer Trennungslinie.
ab 1950	Schmetterlingsformen bei den Brillenfassungen.
1953	Bernard Maitenaz gelingt es erstmals, brauchbare progressive Gläser in Serie herzustellen.
um 1962	Entwicklung der phototrophen Gläser, deren Absorption sich automatisch der Beleuchtung anpaßt. Väter dieser Sensation waren Alvin J. Cohen, Herbert L. Smith, W. H. Armistead und S. D. Stookey.
1963	führen die Bundesländer den obligatorischen Sehtest für Führerscheinbewerber ein.
1978	gelingt es Erwin Daniels und Siegfried Korn bildsprungfreie verschmolzene Bifokalgläser herzustellen.

BRILLE UND IMAGE

Auch in unserem Jahrhundert noch Jahrzehnte lang als notwendiges Übel gelitten, als Spekuliereisen verschrien und als Entwicklung mißachtet, ist den Brillendesignern erst gegen Ende der 80er Jahre etwas gelungen, was man nur als Symbiose von gutem Sehen und gutem Aussehen bezeichnen kann. Mit anderen Worten, die Brille ist vom reinen zweckerfüllendem Hilfsmittel zum modischen Objekt, zum schmückenden Gegenstand avanciert. Nicht mehr allein das optimale Sehen steht im Vordergrund der Auswahl einer Brille, vielmehr bestimmen Aussehen und Wirkung gleichermaßen die Entscheidung für ein Modell.

Viele Menschen, unter anderem auch Persönlichkeiten aus dem öffentlichen Leben, aus Vorstandsetagen oder sonstigen exponierten Positionen gaben schon immer gerne ihrem Image einen intellektuellen Touch. Bereits 1824 bemerkte der Hallenser Professor Th. Schreger im 13. Teil der Allgemeinen Enzyklopädie der Wissenschaft und Künste: „Zu den jetzt unter Jünglingen nur zu häufigen und augenverderblichen Modetorheiten gehört das Brillentragen bei reiner voller Sehkraft." Allerdings war die Sorge um die Augen damals völlig überflüssig, da die Accessoires stets mit Fensterglas versehen waren.

Dabei ahmten die Jünglinge nur chinesische Mandarine nach, die sich schon lange vor unserer Zeitrechnung einbildeten, so sagt man ihnen zumindest nach, große dunkle Brillen würden ihnen mehr Würde und Respekt einflößen. Daß die Brillen keinerlei optische Wirkung besaßen, wußte der klei-

Fröhliches Narrentum und Hokuspokus: Swatch eyes Clip für Modell 718, Winter 1992

Katzenaugen statt „Brillenschlange": Damenbrille, Paris, Mitte der 50er Jahre, dunkelbrauner Kunststoff mit Perlglanzfolie kaschiert, Steckbügel, Frame France

ne Chinese auf der Straße natürlich nicht. Von Anfang an begann man also Benutzern von Sehhilfen gewisse typische Eigenschaften zuzuschreiben. Ein Beispiel dafür: Im Mittelalter erscheint die Brille oft in Emblemen und allegorischen Darstellungen als Symbol des Lichts, der Weisheit, des Hellsehens, aber auch des Alters, des Narrentums und des betrügerischen Hokuspokus.

Die Erklärungen hierzu sind zum Teil ziemlich einfach: Es waren beispielsweise nur die Gelehrten, die lesen und damit auch eine Lesehilfe gebrauchen konnten. Außerdem waren die ersten Linsen so konstruiert, daß sie nur die Alterssichtigkeit ausgleichen konnten – die Korrektur von Augenfehlern mittels entsprechend geschliffener Linsen kam erst wesentlich später auf. Folglich waren Brillenträger entweder gebildeter oder älter als der statistische Durchschnitt.

Ungeachtet des möglichen Makels als alt zu gelten, versuchten fahrende Quacksalber und Scharlatane ihrem Image eine gewisse Seriosität zu verleihen. Kein Wunder, daß Brillenträger entsprechend vielfach als Betrüger und Kurpfuscher gebrandmarkt wurden. Bis zum Teufel war es da nicht mehr weit.

Bei den „Diableries" gehörte die Brille zur Staffage der Bockshufigen, die auf den mittelalterlichen Volksfesten in Frankreich ihren Schabernack trieben. Der während der französischen Revolution verteufelte Robespierre soll selbst nach seinem letzten großen Auftritt auf der Guillotine noch seine dunkle Brille auf der Nase gehabt haben – wie zu Lebzeiten, um den wahren Ausdruck seiner Augen zu verbergen. Dieses Phänomen gibt es übrigens heute auch noch, vor allem bei Menschen, die etwas verheimlichen wollen.

Andrerseits war die Brille aber auch Requisit der Possenreißer und Narren, die sich mittels der Nasenfahrräder, wie die Brillen in jenen Tagen schon verächtlich genannt wurden, nicht nur über die Gelehrten lustig machten, sondern auch über die modischen Eskapaden der Gecken an den fürstlichen Höfen, wie etwa in Spanien. Hier galten überdimensional grosse Hornbrillen im 16. und 17. Jahrhundert als der letzte Schrei.

Im Wandel der Zeiten – verfolgt man die Geschichte der Mode, so stößt man immer wieder auf die gleichen Vorlieben und Abneigungen – gibt es nach wie vor die alten Stereotypen: Die Notwendigkeit, eine Brille

Würde und Respekt: Herrenbrille „Diplomat", 1973, Farbe „brand", braun-klar verlaufendes Acetat, Rodenstock

Gut zum Verbergen: Sonnenbrille von Paloma Picasso, 1989, schwarzmattiertes Optyl mit roten Einsätzen, Vienna Line

Auffallen um jeden Preis: Phantasiebrille „Zero", Italien 70er Jahre, schwarzer Kunststoff mit Straß, Zagato

zu tragen, ist ein körperliches Manko. Wer eine Brille oder Spekuliereisen als Sehhilfe nötig hat, wird als Brillenschlange abgestempelt. Mit einer Brille kann man keinen Sport treiben, nicht richtig küssen und überhaupt, mit Brille ist man entweder einfach abgeschrieben oder als Intellektueller verschrien, dem sein Aussehen völlig nebensächlich ist, und der sich deshalb, um der Qual der Wahl aus dem Weg zu gehen, häufig für randlose Modelle entscheidet.

Randlos für Entscheidungsmuffel: Goldbrille, um 1956, hellblaue achteckige Gläser mit verschraubter Fassung aus Gold

Verschiedene Untersuchungen, bei denen Probanden Photos von Personen mit oder ohne Brille vorgelegt wurden, haben eindeutig ergeben, daß Brillenträgern im wesentlichen die Eigenschaften Intelligenz, Geduld, Eifer und Genauigkeit zugebilligt werden. Sobald es jedoch um Begriffe wie Schönheit, Charme, Gefühl, Vitalität, Sex-Appeal und Sportlichkeit geht, schneiden die brillenlosen Zeitgenossen wesentlich besser ab.

Daran hat auch eine unglaubliche Auswahl an verschiedenen Brillengestellen nur wenig geändert.

Verweilen wir noch kurz bei dem vermeintlich kausalen Zusammenhang von Intelligenz und Brille. Eine amerikanische Studie liefert ein anschauliches Beispiel dafür, wie sehr selbst unsere subjektive Einschätzung durch eine Brille beeinflußt wird. Versuchspersonen mußten einen Intelligenztest einmal mit und einmal ohne Brille absolvieren. Obwohl die Leistungen beide Male gleich ausfielen, waren viele Teilnehmer der Meinung, mit Brille besser abgeschnitten zu haben. Sie beschrieben sich selbst mit Brille als kompetenter, belesener und beständiger.

Mehr als im allgemeinen bewußt ist, erfolgt die nonverbale Kommunikation zwischen den Menschen durch die Körpersprache. Da gibt es beispielsweise bestimmte Gebärden, Haltungen und die Mimik nicht zu vergessen. Durch sie können wir sowohl unserem psychischen als auch physischen Zustand signalisieren. Wir können zeigen, was wir denken, was wir mögen und was wir ablehnen. Besonderes Gewicht fällt dabei natürlich den Augen

Hornbrille als Zeichen der Intelligenz? Kunststoffbrille, Amerika, 50er Jahre, Zyloware

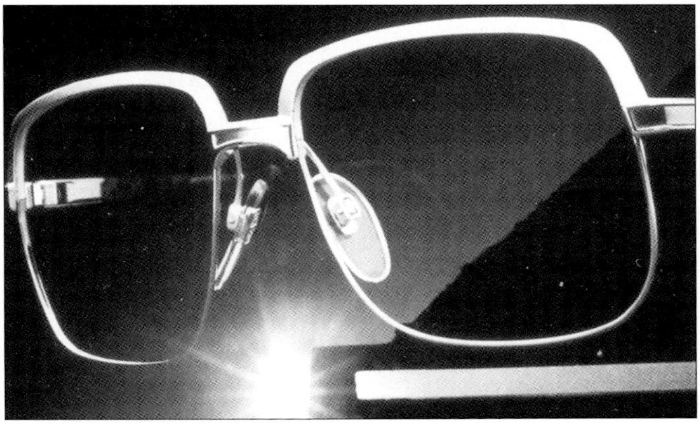

Dezent, aber dynamisch: Metallbrille „Exclusiv 653", 1980, Rodenstock

zu, von denen man auch sagt, sie seien der Spiegel der Seele. Und noch etwas ist in diesem Zusammenhang sehr wichtig. Wenn wir uns an einen bestimmten Menschen erinnern wollen, versuchen wir immer zuerst, das Gesicht vor unserem geistigen Auge erscheinen zu lassen. Wir sprechen von „vertrauten Gesichtern", wenn wir liebe Verwandte und Freunde meinen und betonen dabei wiederum die Augen als markantesten Teil.

Das Gesicht steht – trotz der Konkurrenz entgegengesetzter Körperteile – immer im Mittelpunkt unserere Aufmerksamkeit, wenn wir einen Menschen kennenlernen, denn auch in diesem Fall gilt unser vornehmstes Interesse den Augen.

Kein anderes Accessoire prägt und verändert also unsere Erscheinung und unser Mienenspiel mehr als eine Brille. Je dezenter ein Brillengestell ist, desto wirkungvoller ist es. Die Wahl des Materials kann dabei wesentlich zum ersten Eindruck beitragen. Gleichen sich Form und Details fließend dem Gesicht an, werden die von ihr hervorgerufenen, hoffentlich positiven, Ausdrucksveränderungen dem Wesen des Trägers zugeschrieben. Ursache hierfür ist wiederum der Umstand, daß durch die Brille bestimmte Augenpartien entweder unterstrichen oder zurückgenommen werden. Der obere Rand der Fassung beispielsweise steht in Konkurrenz zu den Augenbrauen. Verdeckt er sie, so wird das mimische Spiel durch monotone Starrheit ersetzt. Dadurch entsteht der Eindruck, der Brillenträger sei ausgeglichener und geduldiger. Lebendigkeit und Dynamik bleiben dabei jedoch auf der Strecke.

Ein Steg verbindet die Brauen, unterbricht dafür jedoch den fließenden Übergang zwischen Nasenrücken und Stirn. Dadurch wird der Anschein von Ernst und Strenge erweckt.

Die Fassung als Kontur hingegen hebt die Augenpartie hervor, indem sie sie einrahmt und so vom übrigen Gesicht isoliert. Dadurch wirkt der Blick intensiver.

Fazit: Eine optimale Brillenfassung muß mehr sein, als nur ein schmückendes Element. Neben ihrer Funktion als Sehhilfe und hohem Tragekomfort muß sie der Physiognomie des Trägers angepaßt sein.

Unauffälliges Verschmelzen mit dem Gesicht: „5047" aus braun-rot-gold auf Mattgold antik, Sting

VOM ENTWURF ZUR FASSUNG

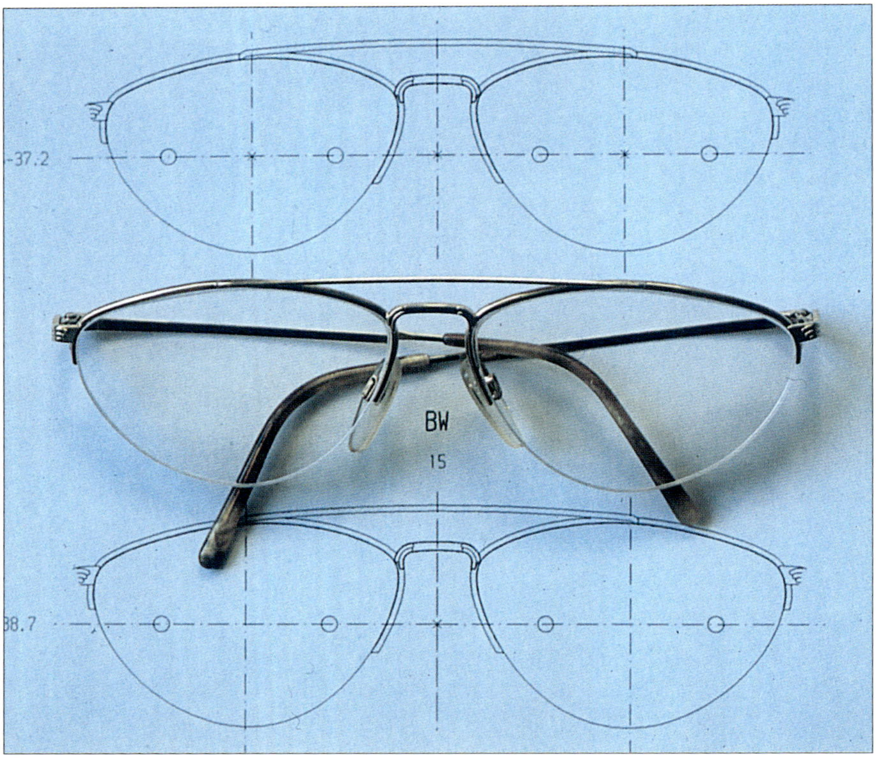

Werkzeichnung der Größenübersicht mit der fertigen Brille „Toscana", Entwurf Ursula von der Gönna, 1990

Wieviel Einfallsreichtum zu Beginn des Jahrhunderts auf den Entwurf einer Brille verwendet wurde, kann man nur vermuten, denn die Entwicklung optischer Gläser stand sicher im Vordergrund. Zu Überlegungen der heutigen Modellpalette und ihrer Ausführung stand mir entgegenkommenderweise Ursula von der Gönna, Diplom-Designerin, die als freie Brillendesignerin in München lebt und arbeitet, Rede und Antwort.

Jeder aktuelle Modetrend, jede technische Neuerung im Werkstoffbereich ist für Designer die Herausforderung, sich den neuen Aufgaben zu stellen, die neben Kreativität und großem Einfühlungsvermögen auch Verantwortung beinhaltet.

Die Aufgabe des Designers ist es, einerseits Funktionalität, Tragekomfort, Paßform und Anpassbarkeit sowie Verglasungsmöglichkeiten, andererseits aber auch die modischen Aspekte zu berücksichtigen, wobei diesbezüglich auch eine gewisse Neutralität, zumindestens im Bereich der „gängigen" Fassungen, beachtet werden muß.

„Man darf die Rolle des Außendienstes bei der Neuentwicklung nicht unterschätzen, denn immerhin sind die Vertreter an der

Basis und können dadurch besser beurteilen, in welche Richtung der Trend geht."

Am Fallbeispiel der Kollektion „Toskana", bestehend aus Damen- und Herrenfassungen, läßt sich die Entwicklung einer Brille von Ursula von der Gönna gut verfolgen: „Zielgruppe der Kollektion 'Toskana' waren jüngere Brillenträger. Die Linienführung sollte leicht, elegant und sportlich sein.

Der Arbeitstitel lautete 'Picknick im Park'. Mit anderen Worten, die Vorstellung von einem gepflegten englischen Park, eleganten Menschen, Picknickkörben.

Die Formen sollten weich sein. Und da es sich um verschiedene Brillenmodelle für Damen und Herren handelte, mußte auch ein verbindendes Element gefunden werden, das beiden gerecht wird. Wie bei jeder kreativen Tätigkeit experimentiert man auch als Brillendesignerin herum, macht Entwürfe, verwirft sie wieder – es dauert eine Weile, bis man die richtige Möglichkeit gefunden hat.

„In diesem Fall gingen meine Assoziationen in Richtung Natur. Die Wellenlinien, die das ablaufende Wasser am Strand hinterläßt, die Wellen des gepflügten Ackers – diese weichen Wellenlinien findet man in dem verbindenden Element, den Backen, wieder – back to nature. Nun hat natürlich jede Firma ihre eigene Philosophie, und die prägt auch meine Arbeitsweise."

Werkzeichnungen mit Dekormotiv zur Backe und Brücke der Brille „Toskana"

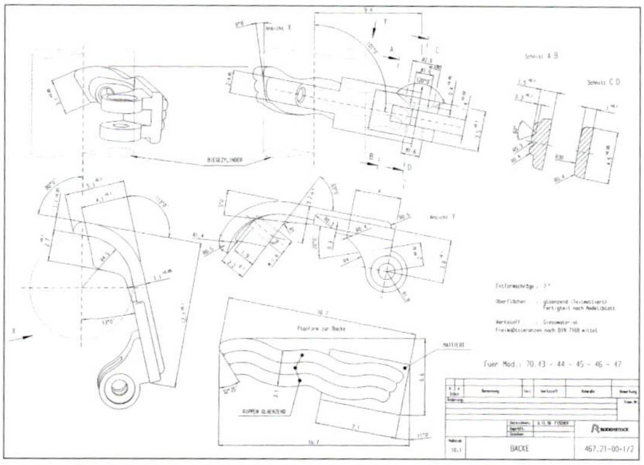

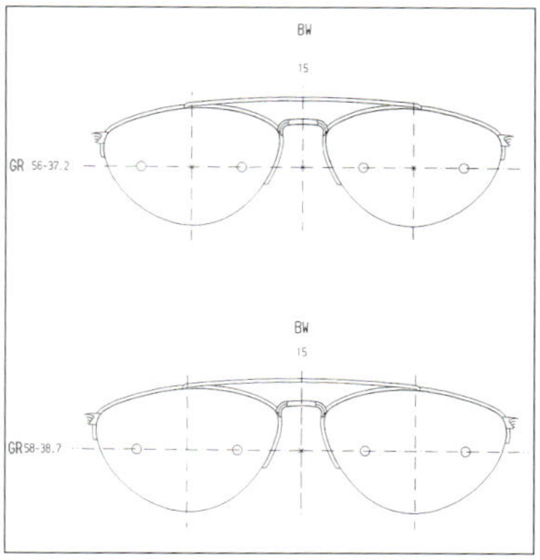

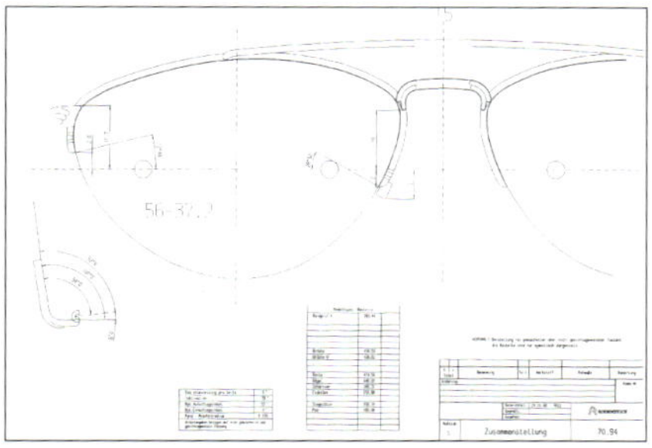

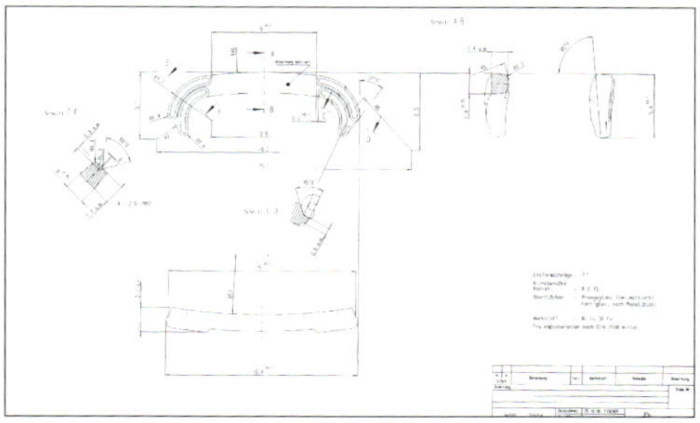

Moderne Computergraphik zur Konstruktion einer Brillenfassung

Um vom ersten Entwurf bis zur versandfertigen Brillenfassung ein Optimum an Qualität zu erzielen, wird heute vielfach beim Brillendesign Computergrafik eingesetzt. Dadurch kann der Entwurf dreidimensional dargestellt und die endgültige Ausführung sowie die erforderlichen Werkzeuge rasch festgelegt werden. Für die Herstellung jeder neuen Brillenfassung fertigt man nämlich eigene Werkzeuge an. Neue Materialien, neue Verfahrenstechniken und neue Technologien müssen gefunden und getestet werden. Gleichzeitig werden Umsetzung und Komforteigenschaften vom Entwurf bis zum Prototyp immer wieder überprüft.

Doch bevor es soweit ist, erstellt man zunächst ein sogenanntes Briefing. In dieser Aufgabenstellung verdichten sich eine Fülle von Informationen und Fakten aus dem Marketingbereich, die den Rahmen für eine neue Brillenfassung abstecken und den Designern entsprechende Anhaltspunkte geben. Anhand dieser Angaben entwickeln die Designer ihre Vorstellungen, die sie immer wieder zusammen mit den Technikern auf ihre Machbarkeit abchecken. Mit anderen Worten, innovative Kreativität ist der Leistungsmaßstab für den Designer, während der Techniker an materialgerechter Realisation gemessen wird.

Zunächst entsteht eine Vielzahl von Entwürfen, die je nach Bedarf detaillierter ausgearbeitet werden. In diesen Entwürfen geht es um die Form des Mittelteils, der Bügel, des Stegs und die Details ihrer gestalterischen Verbindung. Ist die endgültige Version gefunden, wird ein Prototyp hergestellt, der per Computer genau vermessen und gezeichnet wird. „Im Normfall handelt es sich um ein Modell im Maßstab 1:1. Wobei etwaige Korrekturen am Ende nur auf einer Seite durchgeführt werden."

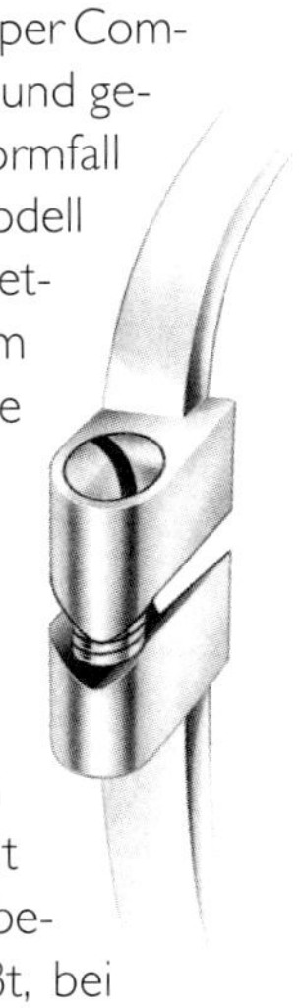

Durch die V-förmige Aufsägung wird der Schließblock automatisch beim Verschrauben zentriert

Schließblock und Bügelscharnier einer Metallbrille

„Das Modell wird meistens in den üblichen Materialien hergestellt. Aber es gibt auch Firmen, die alle Modelle in schwarz machen, damit man die Form neutraler beurteilen kann. Das heißt, bei Neuentwicklungen steht das Material häufig noch gar nicht fest, wenn die Form entschieden wird."

Der Umstand, daß bezüglich der Qualität an die verschiedenen Teile einer Fassung unterschiedliche Anforderungen gestellt werden, ist bei der Auswahl der Materialien ein wichtiges Kriterium: Das Mittelteil muß besonders formstabil sein. Bei den Bügeln kommt es auf Flexibilität und Elastizität an. Bei einer Metallfassung sieht das beispielsweise folgendermaßen aus. Für das Mittelteil werden vorzugsweise Nickellegierungen verwendet. Diese zeichnen sich durch ihren hohen mechanischen Widerstand sowie durch ihre besondere Festigkeit aus. Die Ränder werden aus sogenanntem V-Profildraht hergestellt, der zunächst auf die gewünschte Scheibenform abgelängt wird. Er weist eine Nut auf, in der später die eingeschliffenen Brillengläser ihren Halt finden, während die Bügel meistens aus Bronze, Kupfer-Beryllium oder Neusilber – Legierungen, die die erforderlichen Vorraussetzungen erfüllen – gefertigt werden. Mittels einer Kaltverfestigung im Reduzierautomaten erhält der Rundprofildraht zusätzlich seine besonders guten Federeigenschaften. Anschließend sorgt ein Prägevorgang für die endgültige Form der Bügel. Die Herstellung der Scharniere erfolgt durch Hämmern und Pressen – einem Verfahren, das die Faserstruktur des Materials erhält und damit seine mechanischen Eigenschaften noch verbessert. Abschließend werden die verschiedenen Bauteile zur fertigen Fassungen zusammengesetzt. Ein Vorgang, der nochmals aus vielen kleinen Schritten besteht: Nachdem die Ränder, die später die Gläser halten sollen, die richtige Form bekommen haben, werden sie aufgesägt. Danach werden die Schließblöcke in einem Stück angelötet. Sie dienen dem Augenoptiker dazu, den Metallrand der Fassung öffnen zu können, um die Korrekturgläser einzupassen.

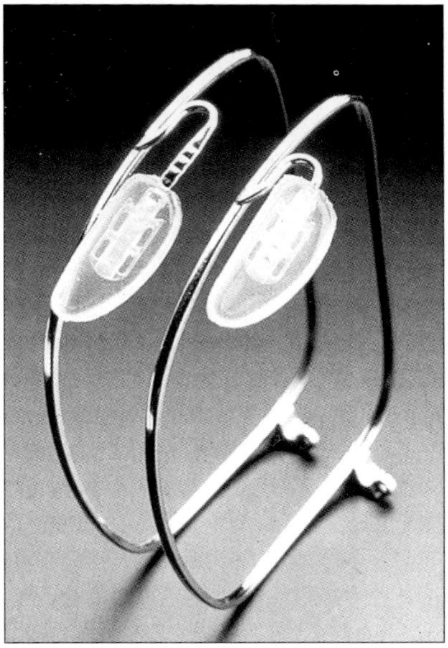

Seitenstützen und Softpads einer modernen Brille

Bei den Lötverbindungen kommt es wieder auf eine hohe Festigkeit an; deshalb wird mit Silberlot gearbeitet.

Als nächstes werden die Augenränder mittels des Steges verbunden. Dann werden die Backen angebracht, die das Scharnier für den Bügel halten. Der folgende Schritt besteht in der Montage der Bügel, dann kommen die Seitenstützen, an die in der Endmontage die „Pads" angebracht werden. Dabei handelt es sich um die kleinen Auflageflächen im Nasenbereich, die entweder aus Kunststoff oder aus einer weichen und atmungsaktiven Silikon-Kautschuk-Schicht bestehen.

Das fertige Mittelteil und die Bügel werden nun einem mehrstufigen Poliervorgang, dem sogenannten Trommeln, unterzogen. Die Feinpolierung zum Abschluß erfolgt per Hand. Bei der folgenden Veredelung erhält

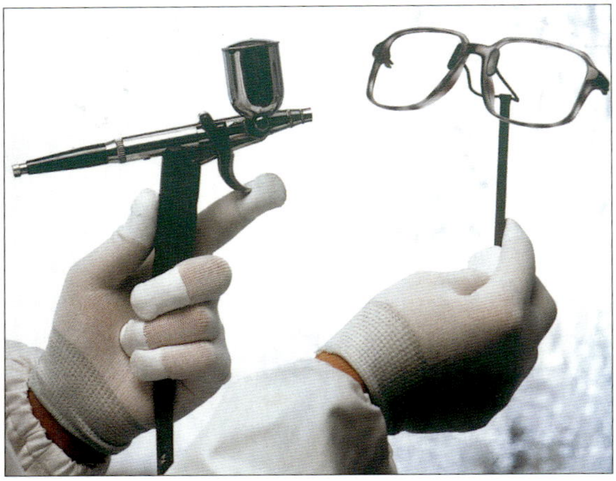

Mit Spritzpistolen werden Fassungen aus Kunststoff oder Metall veredelt, Rodenstock

die Brille nicht nur ihr endgültiges Erscheinungsbild, sondern auch die erforderliche Schutzisolierung gegenüber den äußeren Einwirkungen, wie Schweiß, Kosmetik, Luftfeuchtigkeit und Umwelteinflüsse. Die Veredelungsschicht muß also absolut korrosionsbeständig und gleichzeitig dermatologisch unbedenklich, d. h. hautfreundlich sein.

Im Anschluß an diesen Prozeß wandern die Fassungen entweder gleich zur Endmontage, wo die Pads verschraubt werden und die Paßform der Fassung genau überprüft wird, oder sie erhalten vorher noch die Farbbeschichtung.

Insgesamt durchläuft eine Brillenfassung, egal ob aus Metall oder Kunststoff, zwischen 200 und 300 Arbeitsgänge, vom hochtechnischen Maschineneinsatz bis hin zur der komplizierten Handarbeit. Diese Montagebeschreibung gilt gleichermaßen für Kunststoff-Fassungen und Fassungen aus Metall und Kunststoff, denen natürlich die gleichen Kontrollverfahren zugrunde liegen, die, um nur ein paar Beispiele zu nennen, vom Dauertest für Scharniere, der viele tausend Bügelbewegungen simuliert, über den CASS-Test, bei dem Material und Oberfläche chemisch auf Korrosions- und Anlaufbeständigkeit geprüft werden, bis zum Abriebtest reichen, der mehrere Tage in Anspruch nimmt.

„Bei gängigen Modellen wird ein sogenanntes Größensortiment hergestellt. Das heißt, es gibt die Fassung mit verschiedenen Scheiben-, also Glasgrößen und unterschiedlichen Nasenweiten."

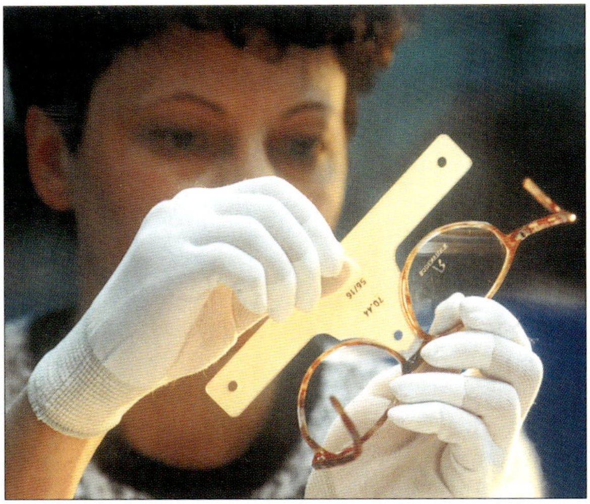

Prüflehren geben Aufschluß über die Formgenauigkeit des Brückenbereichs, Rodenstock

MATERIAL UND VERARBEITUNG

Speziell abgestimmte Trommelanlage zum Schleifen und Polieren von Fassungen aus Metall, Zeiss

Manches Material – Metall, Horn, Kunststoff – wird seit Beginn unseres Jahrhunderts zur Brillenherstellung verwendet, anderes ist heute nicht mehr gebräuchlich – Celluloid, Schildpatt und Galalith – und neue Werkstoffe kommen ständig in einer schier unüberschaubaren und unerschöpflichen Vielfalt hinzu. Deshalb ist es heute selbstverständlich aus Werkstoffen, Verarbeitungs- und Veredelungsmethoden, je nach Qualität, Farbe, Form und Größe unter hunderten von Modellen und mehreren tausend Ausführungen auszuwählen.

METALLE UND IHRE VEREDELUNG

Das einfache Metall wird heute nur noch als Grundmaterial einer Brillenfassung benutzt und anschließend veredelt. Stahl hat in vielen Fällen seinen Platz eingenommen, da es in fast allen Anforderungen an einen Rohstoff weit überlegen ist. Dank seiner Formbeständigkeit und Elastizität gab es die ersten Brillen nur aus Stahl bereits vor über 150 Jahren. Zudem ist das Material korrosionsbeständig, dünnrandig zu verarbeiten, stabil, gut anpaßungsfähig, bruchfest und dauerhaft zu polieren. Seine Preiswürdigkeit und mechanische Qualität haben Gold und Silber ebenso verdrängt, wie die chemischen Vorzüge des Nickels, dessen Unverträglichkeit wissenschaftlich nachgewiesen wurde.

Bedingt durch die schlechten Fließeigenschaften muß der Stahl-Draht als Ausgangsmaterial bei 1000 bis 1150° weichgeglüht werden. Um Zunderbildungen zu verhindern, geschieht dies im sauerstoff-freien Ofen. Nach dem Abschrecken erfolgt der

Brillensteg-Biegemaschine bei Menrad, Ende 20er Jahre

Prägevorgang. Hierzu sind besonders gut ausgehärtete Werkzeuge notwendig, da die Rückfederung der verarbeiteten Teile größer ist, als beispielsweise beim Neusilber. Hinzu kommt, daß aus eben diesem Grund die Radien der Biegewerkzeuge entsprechend kleiner ausfallen müssen. Die rostfreien Stähle lassen sich hochfrequenz- oder flammlöten. Zur weiteren Bearbeitung einer Metallfassung, die im vorangegangenen Kapitel bereits beschrieben wurde, entwickelte die Industrie seit Beginn dieses Jahrhunderts zunehmend perfekte Spezialmaschinen, die jedes Einzelteil der Brille gesondert produzieren, formen und bearbeiten.

Da der grau-weiße Farbton des Stahls nur wenig beliebt ist, wurden und werden verschiedene Techniken der Veredelung verwendet. Bei dem, seit seiner industriellen Einführung zu Beginn des 20. Jahrhunderts sehr populären Golddoublé, handelt es sich um ein Doppelmetall, das durch Druckverlöten des Grundmaterials mit einem Überzug entsteht. Der Überzug, auch Goldhaut genannt, besteht aus einer Goldlegierung und Nickel.

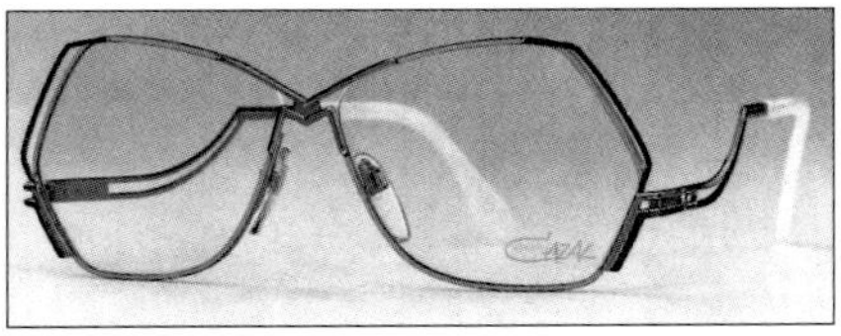

Damenbrille „226" von Cazal, 1993, teilgefärbtes Monel

LEGIERUNGEN

Der größte Anteil der modernen Metallbrillen besteht aus Legierungen, die folgendermaßen hergestellt werden: Durch das Zusammenschmelzen von zwei oder mehreren Metallen oder Nichtmetallen, wird ein festes, vollkommen homogen aufgebautes Mischmetall gewonnen. Durch das Legieren werden häufig die Eigenschaften eines Grundmetalls deutlich verändert. Festigkeit und Widerstandsfähigkeit gegen chemische Beeinflussungen werden verstärkt, die Zug- und Abriebfestigkeit nimmt zu. Je nach Zusammensetzung steigt die Härte bis zum fünffachen Wert des Ausgangsmaterials.

Für die Herstellung galvanisch behandelter Fassungen stehen heute etwa zwölf verschiedene Metall-Legierungen zur Auswahl, aus denen unter Berücksichtigung des vorgegebenen Designs und Beachtung der Wertanalysen die geeignete Kombination ausgesucht werden kann. Diese Auswahl ist

Phase in der Produktion von Metallfassungen, Safilo

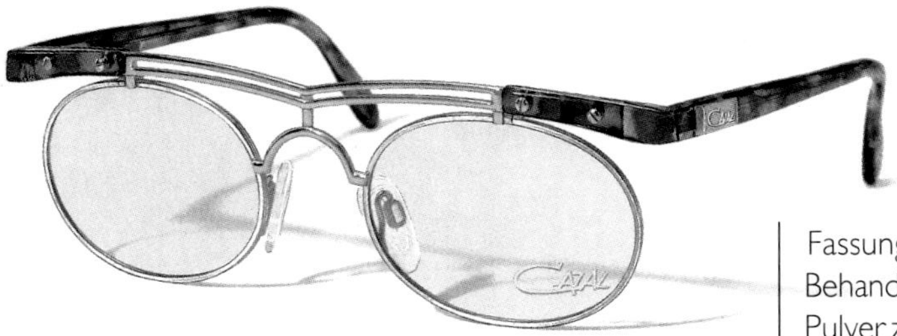
Damenbrille „251" von Cazal, 1993, Monel und bunt marmoriertes Proprionat

auch für die spätere Behandlung des Grundmaterials im Verarbeitungsprozeß von entscheidender Bedeutung. Einige Teile müssen beispielsweise gehärtet, beziehungsweise oberflächenbearbeitet, also hochglanzpoliert, gesandet, diamantiert, satiniert oder gebürstet werden. Dünne Materialien müssen aushärtbar sein. Weitere Voraussetzungen sind einmal die hohe Federkraft der Bügel und eine starke Dauerbelastbarkeit der Schließblöcke und Scharniere.

Die ausgewählten und geformten Grundmaterialien werden anschließend mit Silberlot verschweißt respektive verlötet und zu Fassungen montiert. Zu den gebräuchlichsten Legierungen zählen Doublé, Neusilber, Bronze, Federbronze, Blanka-Z (Kupfer, Nickel, Zink, Zinn), Monel (Kupfer, Nickel, Eisen, Magnesium) und Niculan (Kupfer, Nickel, Zinn).

In der galvanischen Oberflächenveredelung unterscheidet man zwei grundsätzliche Ausführungen:

1. Die korrosionsbeständige Legierung mit dem sogenannten flash (einer 0,2 µm dicken, farbgebenden Metallschicht), die galvanisch aufgetragen wird.

2. Die nicht korrosionsbeständige Legierung, die aus einer Farbe und Kunststoff besteht.

Da eine aufwendige Edelmetallgalvanik teuer ist, verwendet man zur Herstellung von kostengünstigeren Fassungen häufig einen dünnen Kunststoffüberzug als Abschlußschicht, die elektrostatisch aufgebracht wird. Die Fassung durchläuft nach der galvanischen Behandlung eine Kammer, in der Polyester-Pulver zerstäubt wird. Da die Fassung geerdet, das Pulver hingegen elektrisch geladen ist, schlägt es sich auf der Fassung nieder, die nach diesem Vorgang auf einem Fließband in eine auf ca. 200° erhitzte Kammer gelangt, wo das Pulver schmilzt und so einen dicken Überzug bildet. Dieser Überzug ist farblos und kann im Tauchbad beliebig eingefärbt werden, wobei die Farbpigmente in den Kunststoff eindringen. Gleichzeitig dient er als Schutz vor Korrosion und mechanischem Abrieb.

Bei der besonders zukunftsweisenden elektrophoretischen Kunststoffbeschichtung werden nach einer Galvanisierung des Grundmaterials mit nicht edlen Metallen im Wasser emulgierbare Kunststoffe in einem elektrischen Feld an den Brillenfassungen abgeschieden. Durch diesen Prozeß entstehen auf dem Metall sehr feine und hochtransparente Kunststoffschichten.

Eine Alternative ist die Spritzlackierung von

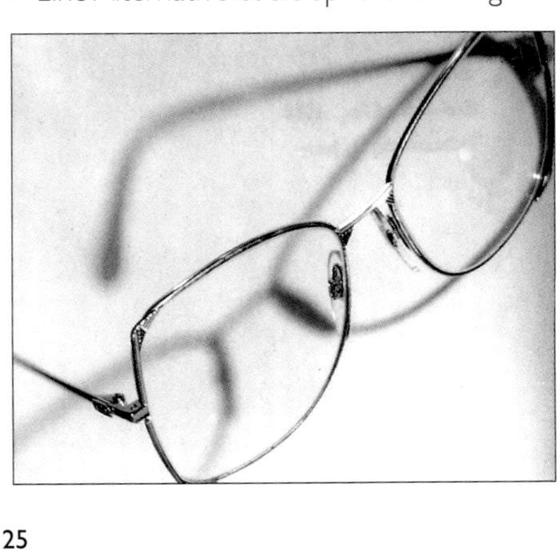
Dünnrandige Metallbrille mit farbigem Dekor: Damenbrille „Exclusiv 620", 1988, Rodenstock

Metallfassungen. Der Lack wird mittels einer Spritzpistole aufgetragen, vorgetrocknet und dann bei höheren Temperaturen eingebrannt. Der Vorteil dieser Methode liegt in den dünneren und feineren Kunststoffschichten, die bei der elektrostatischen Pulverbeschichtung nicht erzielt werden können. Durch den Einsatz von Schablonen, die Teile der Fassung abdecken, und durch Auftragen von mehreren Farbschichten, lassen sich interessante modische Farbkombinationen erzielen. Die Spritzlackierung wird häufig dann angewandt, wenn besondere Effekte erreicht werden sollen.

Alle bisher beschriebenen Verfahren sind geeignet, die Oberfläche der Metallbrillenfassung in ihrer Gesamtheit vor Korrosion zu schützen und ihr ein interessantes und ansprechendes Äußeres zu verleihen. Um jedoch weiteren design- und farbgestalterischen Vorstellungen zu entsprechen, werden laufend neue Materialien und Verfahren entwickelt. Dazu gehören unter anderem auch partielle Farbauslegungen mit Kunstharzen und Lacken bei goldplattierten und rhodinierten Fassungen wie China-Lack. Die für die Applikationen verwendeten Lacke und Kunstharze bieten ebenfalls eine gute Resistenz gegen Abrieb und Korrosionsmedien, so daß letztendlich eine hohe Lebensdauer der Produkte gewährleistet werden kann.

VERCHROMEN

Chrom ist ein Element von außergewöhnlicher Härte und einem bläulich-weißen Farbton mit entsprechend hoher Brillanz.

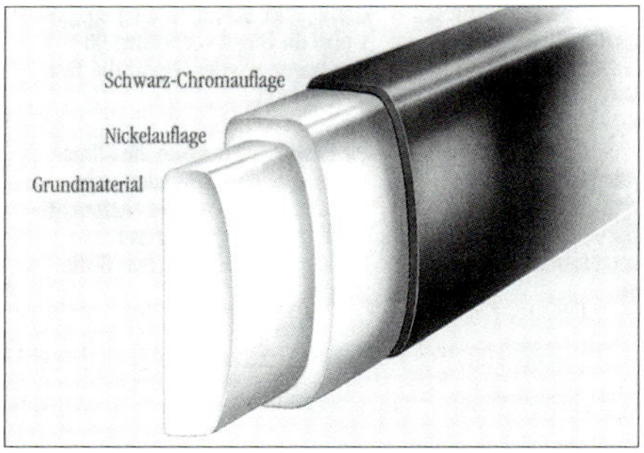

Schichtaufbau eines Brillenbügels schwarz verchromt, Zeiss

Die Verarbeitung erfolgt fast immer auf galvanischem Wege. Die hohe Elastizität des Schichtaufbaus wird am besten in der Kombination Nickel und Chrom erreicht. Die einzelnen Schichten müssen jedoch exakt vorgegebenen Auflagestärken entsprechen, um Oberflächenrisse zu vermeiden.

Beim Schwarzverchromen wird bei hohen Stromdichten und genau errechneten Temperaturverläufen metallisches Chrom und Chrom-VI-Oxid in einem bestimmten Verhältnis abgeschieden. Dadurch entsteht eine stumpfe schwarze Schicht, die ihr Finish durch das Eintauchen in eine spezielle Emulsion erhält.

EMAIL

An dieser Stelle möchte ich noch kurz auf eine Dekorationsform zu sprechen kommen, die schon im alten Kreta zu einer der höchstvollendeten Künste gehörte und edlen Metallen dauerhafte Farbigkeit verlieh. Heute wie damals ist dabei handwerkliches Können unverzichtbar.

Das Haus Christian Dior hat diese Kunst wieder aufleben und ein eigenes Emaillierverfahren entwickeln lassen. Die Emailfarbe basiert auf einem Zweikomponentensy-

Herrenbrille „Exclusiv 7060", 1987, Titan, Rodenstock

stem, das sich aus Harz und Härter zusammensetzt. Zur Vorbereitung für den Applikationsauftrag wird die Farbe in Vakuumkammern von Luftbläschen befreit und anschließend in Dosiernadeln eingefüllt. Mit einer gehörigen Portion Geschick und vor allem Fingerspitzengefühl werden die geprägten Vertiefungen der Metallfassungen in Handarbeit schichtweise mit Email ausgelegt. Dies muß zügig und exakt geschehen, damit die Farbe sauber verläuft und ihren, für Email typischen, Tranzparenz-Charakter erhält. Voraussetzung für diesen Vorgang ist eine absolut staubfreie Umgebung, die in sogenannten Reinraumkabinen gegeben ist. Im Anschluß daran wird das Email bei Temperaturen bis 80° eingebrannt. Dieser Prozeß wird so oft wiederholt, bis der Farbauftrag so sauber und ebenmäßig ist, daß er höchsten Ansprüchen genügt.

Schichtemail in Handarbeit für Brillen von Christian Dior, Carrera

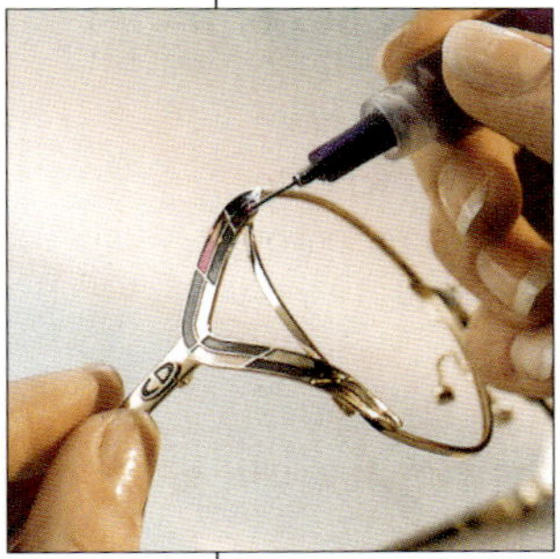

TITAN

Bisher wurde Titan vorwiegend in der Raumfahrt und Weltraumforschung eingesetzt. Doch neben Schmuck, Armbanduhren, Rennrädern und Golfschlägern werden seit neustem auch Brillen aus diesem kostspieligen, in der Natur nur in äußerst geringer Konzentration vorkommenden Metall gefertigt. Titan zeichnet sich durch extreme Elastizität und Korrosionsbeständigkeit aus. Außerdem ist Titan leichter als alle bisher verarbeiteten Werkstoffe.

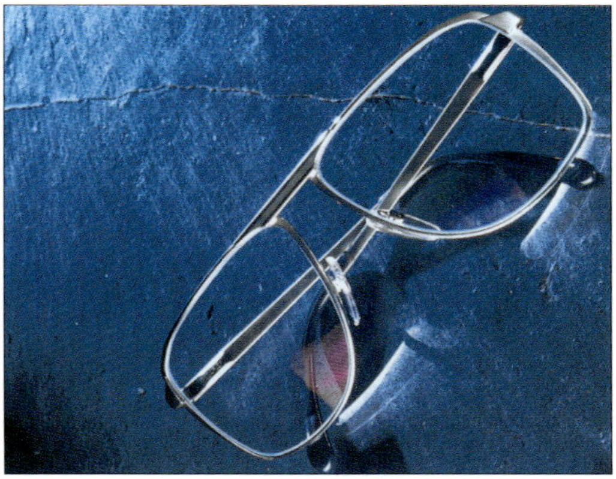

Die Herstellung von Titan-Brillenfassungen erfordert entsprechend eine ganz spezielle, nur für diesen Zweck entwickelte Technik. Als Ausgangsmaterial wird fast hundertprozentiges Reintitan genommen, das nur durch Stickstoff, Sauerstoff, Kohlenstoff und Wolfram angereichert wird. Es können Blöcke bis zu einem Meter Durchmesser und zehn Tonnen Gewicht erschmolzen werden.

Zu Allergien neigende Menschen haben die Garantie, nicht mit Nickel in Berührung zu kommen, einem eisenähnliche Schwermetall, das häufig bei der Herstellung von Modeschmuck und auch Brillenfassungen eingesetzt wird, und zu den Hauptverursachern von Kontakt-Allergien gehört, unter der immer mehr Menschen leiden. Abgesehen von der Tatsache, daß die Brillenfassungen aus Titan also gegen Schweiß resistent sind, kann ihnen auch salziges Meerwasser nichts anhaben. Sie sind korrosionssicher, „nasenfreundlich", fast um 50% leichter als die gängigen Metallbrillen und haben eine ca. 20% höhere Elastizität, wodurch eine entsprechend gute Federeigen-

Salzwasser-Test bei einer Brille aus Titan, Safilo

schaft der Bügel erzielt wird. Zur dekorativen Oberflächenveredlung werden Titan-Fassungen nicht nur kunststoffbeschichtet und lackiert, sondern auch in zunehmendem Maße galvanisiert. Beim galvanischen Aufbringen von Gold auf einer Titanoberfläche muß für die haltbare Haftung häufig Nickel als unedle Zwischenschicht verwendet werden. Wird die Goldschicht bis auf die Nickelschicht mechanisch beschädigt, können unterschiedliche Arten von Nickelkorrosionen auftreten. Ein Nachteil, der häufig übersehen wird. Korrosionsbeständig ist nur das Titan, nicht jedoch die für die Oberflächenveredelung verwendeten Metalle. Des weiteren läßt sich die Oberfläche der Titan-Fassungen aber auch im Hochvakuum durch kathodische Zerstäubung veredeln. Für die effektvolle Beschichtung von Uhrengehäusen, Armbändern und eben Brillenfassungen haben sich Titannitrid- (TiN) und Titancarbidschichten (TiC) als verschleißfeste Oberflächenschichten durchgesetzt, die in unterschiedlichsten Metallfarben bis hin zum goldgelb darstellbar sind.

SCHILDPATT

Aus den Hornplatten der Schildkröten gewann man Jahrhunderte lang das Material für die edelsten Brillenfassungen – bis vor einigen Jahren der Artenschutz kam und die exotischen Freunde auf den Index setzte. Meeresschildkröten (Chelonidae) leben in allen tropischen und subtropischen Meeren. Die Suppenschildkröte (Chelonemydas) hält sich hingegen in Küstennähe oder Flußmündungen auf. Sie im Meer zu jagen, war relativ schwierig. Deshalb wurden die weiblichen Tiere gefangen, wenn sie ihre Eier circa 30 Meter über der Hochwassermarke in den Sand legten. Nachdem die Tiere getötet worden waren, wurden die Schildkröten erhitzt. Dadurch spreizten sich die jeweils dreizehn Platten auf und ließen sich leicht vom Knochengerüst des Tieres ablösen. Es eigneten sich nur Platten von älteren Schildkröten, da sie zur Weiterverarbeitung mindestens 1,5 bis 2,5 mm dick sein mußten. Die Schildpattplatten wurden aufeinandergeschichtet und unter Hitze,

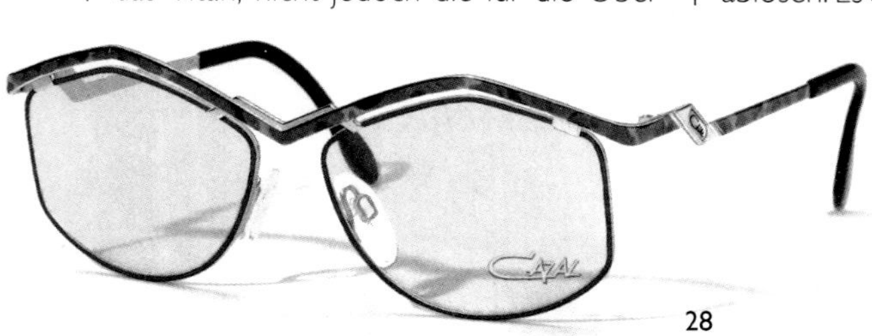

Titanbrille „249" von Cazal, mit bunter Beschichtung

Feuchtigkeit und Druck zu Rohlingen verschweißt, aus denen die Fassungsteile gesägt wurden.
Schildpattfassungen konnten aufgrund ihrer hohen Zugfestigkeit dünn ausgeführt werden, wodurch sie trotz der Materialdichte ziemlich leicht waren. Ein weitere Vorteil lag in der Hautverträglichkeit, solange es keine adäquaten Kunststoffe gab. Gegenüber

Herrenbrille „Silhouette", um 1958, Fassung und Bügel aus Schildpatt

Druckbeanspruchungen war Schildpatt unempfindlich.
Ihre Exklusivität schlug sich, nebenbei bemerkt, auch im Preis nieder. Je nach Farbton kostete eine Fassung in den letzten Jahren ihrer Verfügbarkeit zwischen 900,- und 6000,- DM.

BÜFFELHORN

Das preiswertere Büffel- oder eigentlich Kuhhorn ist einer der traditionellen Werkstoffe für Brillen und wurde als das einzige Material für Allergiker wiederentdeckt, das ihnen ein beschwerdefreies Brillentragen garantiert.
Im Unterschied zum Schildpatt ist die Verarbeitung von Büffelhorn auch weiterhin erlaubt, da die Tiere zur Rohstoffgewinnung nicht getötet werden müssen. Verwendung finden drei verschiedene Arten: das afrikanische Wasserbüffelhorn, das indische Siamhorn und das sogenannte Irish-Horn, ebenfalls aus Afrika.
Die Verarbeitungsweisen sind recht unterschiedlich. Während die massiven Hörner der Wasserbüffel zu Platten zersägt werden, werden die Vasenhörner – ihr Name beruht auf der Tatsache, daß sie innen hohl sind – auseinandergesägt und geplant. Die Einzelteile der Brille werden aus den Platten gesägt. Die Fassungen haben leider den fatalen Hang, sich in die Ursprungsform des Horns zurückzubilden. Daraus entsteht eine gewisse „Propellerwirkung".
Eine andere Verarbeitungsmöglichkeit ist das Triplex-Verfahren. Hierbei werden im Gegensatz zur herkömmlichen Methode mehrere Schichten dünn geschliffener Hornplatten abwechselnd horizontal und vertikal unlösbar miteinander verbunden. Die nach diesem Verfahren gefertigten Platten und entsprechend die Fassungen zeichnen sich durch eine viel höhere Festigkeit und Formbeständigkeit aus. Raffinierte Fräsungen und Facetten in Verbindung mit Kaschierungen aus Holz und Seide sind möglich. Becker & Malathounis liefern dem Käufer die, aus seiner Brille per Handarbeit ausgefrästen Hornspäne gleich mit, und

Doppelstegbrille aus Horn, um 1900, um der Brille ein „edleres" Aussehen zu verleihen, wurde dem Horn ein Schildpattmuster aufgemalt

	BEWÄHRTE FASSUNGSWERKSTOFFE				NEUE FASSUNGSWERKSTOFFE			
	CELLULOSE-NITRAT	BLOCKACETAT	EXTRUD. ACETAT	METALL	BLOCK-PROPORTIONATE	GESPR. PROPORTIONATE	OPTYL	PA-COPOLYMER
GEWICHT	■	●	●	■■	+	+	++	++
BRENNBARKEIT	■■	●	●	++	●	●	●	●
VERGILBUNG	■■	++	++	++	++	++	++	●
HAUTSCHWEISS-BESTÄNDIGKEIT	●	●	+	●	++	+	++	+
VERFORMUNGS-RESISTENZ (mechanisch)	+	■	●	●	++	+	++	++
DIMENSIONS-STABILITÄT (klimabedingt)	●	■■	■	++	+	●	+	■
BRUCHBIEGE-BESTÄNDIGKEIT	+	●	●	■■ 1	+	+	●	++
BRUCHFESTIG-KEIT BEI MINUS-GRADEN	●	●	■	1	++	+	■■	●
REPARIEREN VON BRÜCHEN	++ 3	++ 3	++ 3	+ 2	++	++	●	■■ 3
VERGLASEN UND NACHRICHTEN	++	++	+	++	++	+	●	■ 4
(NACH)POLIEREN	++	++	++		+	+	■	■

■■ schlecht
■ mäßig
● durchschnittlich
\+ gut
++ sehr gut

1 bleibende Verformung
2 Löten
3 Kitten, Kleben
4 Abwertung nur aufgrund unzureichender Nachrichten-Möglichkeit

Brillen aus Büffelhorn, 1994, Becker & Malathounis

empfehlen sie als Dünger, der für drei Blumentöpfe ausreicht und dem Slogan „nature to nature" wirklich entspricht. Vernünftigerweise werden solche Fassungen weder poliert, noch lackiert. Eine besonders samtige Oberfläche ergibt eine Trommelung mit Holzstücken.
Dichte, Zugfestigkeit und Trageeigenschaften sind ähnlich wie beim Schildpatt. Auch im Preis pro Fassung ähneln sich die Materialien durchaus.

KUNSTSTOFFE

Ein heute fast unüberschaubares Feld an Materialvielfalt bilden Kunststoffe in all ihren chemischen und technischen Varianten. Ursprünglich wollte man mit Kunststoff besonders Schildpatt und Horn imitieren, doch heute läßt es seine einstigen Vorbilder weit hinter sich.

Es handelt sich dabei um Materialien,
- die in ihren wesentlichen Bestandteilen organischen Ursprungs sind.
- die aus Makromolekülen aufgebaut sind, deren Grundbausteine durch Hauptvalenzen miteinander verbunden sind.
- die durch Umwandlung von Naturprodukten (halbsynthetische Kunststoffe) entstehen. Sie werden auch als abgewandelte Naturstoffe bezeichnet, weil ihr Grundstoff Cellulose aus Naturprodukten besteht.
- die in Synthese (synthetische Kunststoffe) entstehen.

Ihr Vorteil im Vergleich zu Metallfassungen liegt unter anderem in den vielseitigen Möglichkeiten der Farbgebung, der Ästhetik bei dickeren Gläsern und in der teilweise einfacheren und kostengünstigeren Fertigung.

CELLULOID

Das matte, leicht unebene Celluloid, auch Zellhorn genannt, gibt es seit 1874. Bis in die 50er Jahre hinein war es eines der erfolgreichsten Materialien, dem sich die Brillenindustrie zuwandte.
Verestert man Celluloid mit Salpetersäure entsteht ein Cellulosenitrat. Aus diesem Nitrat wird das Wasser gepreßt und durch Äthanol ersetzt. Unter Zugabe des flüssigen Weichmachers Kampfer entsteht ein breiiges Gemisch, das zum Entfernen von Unreinheiten durch Filter gepreßt wird. Der weitere Verarbeitungsverlauf ist mit dem des Blockacetats vergleichbar. Das fertige Material läßt sich leicht schneiden, drehen und in erwärmten Zustand biegen. Celluloid ist leicht entzündbar, wobei es zu star-

Herrenbrille „Lord", 1953-61, ein typisches Celluloid-Modell mit eigener Scharnierentwicklung, Rodenstock

ker Entwicklung von Stichflammen neigt. Manches Optikerlager und manche Fabrik sind der Brennbarkeit von Celluloid zum Opfer gefallen und in Staub und Asche gelegt worden. Obendrein vergilbt das Zellhorn durch UV-Einstrahlung und wird durch Verdampfung des Weichmachers spröde, was wiederum zu erhöhter Bruchgefahr führt.

GALALITH

Auch Gallalith (griech. Milchstein) geschrieben, ist laut Brockhaus von 1930: „Eine hornartige, aus Kasein durch Behandlung mit Formaldehyd – man stelle sich das heutzutage vor – erzeugte Masse, die als Ersatz für Horn, Elfenbein, Bernstein, Schildpatt, Koralle usw. vielfach Verwendung findet. Der besondere Wert des Galalith ist darin zu sehen, daß es weder feuergefährlich ist, noch einen Geruch aufweist. Weiterhin zeigt es bemerkenswerte Indifferenz gegen Fette, Öle, Äther, Benzin usw. Gegen Wasser ist es nicht ganz unempfindlich, ebensowenig gegen Säuren und Alkalien. Das Galalith läßt sich drechseln, pressen, prägen, biegen und polieren." Das Material gab allerdings in der Brillenherstellung nur ein kürzeres Gastspiel.

CELLULOSE-ACETAT

Im Laufe der 50er und 60er Jahre erfolgte die sukzessive Ablösung des Celluloid als marktbeherrschender Werkstoff für Kunststoff-Fassungen durch Cellulose-Acetat.
Die gestalterische und farbliche Vielseitigkeit des schweren und kühlen Acetats unterstützte die Revolution im Brillendesign der letzten Jahrzehnte. Cellulose-Acetat ist im wahrsten Sinne des Wortes ein Kunst-"Stoff", denn Acetat besteht zum größten Teil aus Baumwolle-Linter, den Samenfädchen der Baumwolle, die durch einen chemischen Prozeß in einen halbsynthetischen Werkstoff verwandelt werden.
Bereits 1904 gelang es, ein acetonlösliches und weichermacherstabiles Cellulose-Acetat herzustellen. In den 30er Jahren wurden erstmals Brillenfassungen aus diesem neuartigen Kunststoff gefertigt. Allerdings ist die in der Formbeständigkeit schlechter als bei Celluloid – deshalb müssen beispielsweise die Bügel durch Metalleinlagen stabilisiert werden. Aber es ist schwerer entflammbarer als Celluloid. Sammler werden jedoch auf den „Anbrenntest" zur Materialbestimmung verzichten, denn ob angekohlt oder in einer Stichflamme abgebrannt – die Brille ist ruiniert. Und noch einen Nachteil birgt das Cellulose-Acetat. Durch die zugesetzten Weichmacher kann im Laufe der Jahre wie beim Celluloid ein unschöner weißer Belag auftreten.

Computergesteuertes Ausfräsen des Rohlings aus dem Acetatblock, Menrad

Farbige Acetatplatten der aktuellen Produktion, Menrad Gruppe

ACETATE

Bezüglich der Verarbeitungsmethoden unterscheiden sich drei Acetat-Arten: Blockacetat, extrudiertes Acetat und Spritzgußacetat. Die ersten Arbeitsschritte sind bei allen drei Materialien gleich. Das weiße Baumwollpulver wird zunächst mit Hilfe von Weichmachern wie Alkohol, Aceton und Essigsäure zu einer homogenen Masse gerührt, der Alterstabilisatoren zugefügt werden. Um Unreinheiten auszuschließen, wird die Masse mittels Stempelpressen durch ein Gewebe gedrückt. Die so entstandenen Würste sind Ausgangsmaterial für die weitere Verarbeitung.

BLOCKACETAT

Der zähe Brei wird nun in Walzenstühlen durch erwärmte Zylinder zu homogenen Platten von 10 bis 15 mm Dicke ausgewalzt, die aufeinandergelegt durch Druck und Wärme zu Blöcken gepreßt werden. Nun beginnt die Feinarbeit in ausgeklügelten Schritten. Als erstes werden Farben beigemengt. Eine Handvoll Farbpigmente reicht bereits, um über tausend Brillen Farbe zu verleihen. Nach dem Pressen werden aus den Blöcken wiederum Platten in unterschiedlichen Stärken von 2 bis 12 mm mittels einer Schälmaschine geschnitten.
Was nun folgt, erfordert ein hohes Maß an Handarbeit. Verschiedenfarbige Platten, Streifen und Acetatstücke werden in mühseliger Kleinarbeit in sogenannten Backformen beliebig verlegt und erneut zusammengepreßt.
Die Folien werden in Würfel geschnitten, vermischt, nochmals gewalzt und dann zu Blöcken gepreßt, die wieder in Folien geschnitten werden. Der Vorgang läßt sich je nach Muster bis zu viermal durchführen.
Ein gutes Beispiel ist Havanna, eine Farbe, die ganz oben auf der Beliebtheitsskala steht. Sie ist relativ einfach herzustellen und besteht lediglich aus braunen und gelben Acetatstückchen, die dem Lösungsmittelgehalt entsprechend intensiv ineinander fließen. Um schärfere Hell-Dunkel-Konturen zu erzielen, wird nur eine geringe Menge Lösungsmittel verwendet. Größere Mengen Lösungsmittel sind hingegen erforderlich, wenn die Übergänge weicher sein sollen. Es empfiehlt sich auch für Imitationen hochwertiger Materialien wie Schildpatt oder Büffelhorn, die nur auf diese Weise hergestellt werden können.
Heute wieder sehr beliebt ist das Schichtlaminat, bei dem die Farben nicht vermischt, sondern in einzelnen Lagen übereinandergelegt sind. Dadurch können im Lauf der Weiterverarbeitung durch Fräsungen am Rand reizvolle Dekore entwickelt werden.
Der nächste Arbeitsgang ist ebenso aufwendig wie die vorangegangenen: der Trocknungsprozeß. An der Luft härtet Ace-

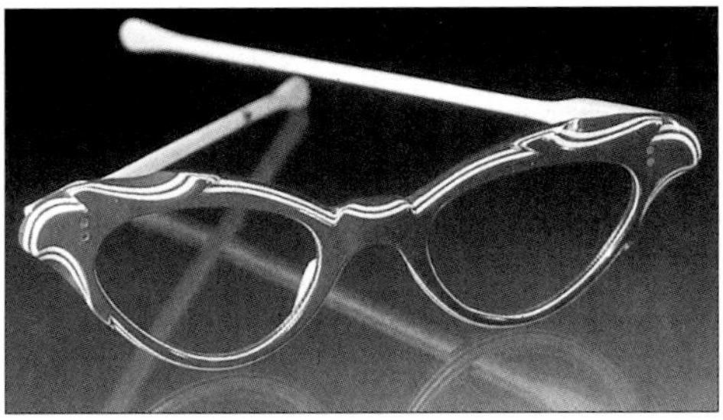

tat pro Tag etwa um ein zehntel Millimeter. Je nach Einsatzmenge der Lösungsmittel würde dieser Prozeß normalerweise etliche Monate dauern, wodurch eine modische Aktualität des Endprodukts völlig ausgeschlossen wäre. In speziellen Umluftöfen schrumpft dieser Vorgang jedoch auf 20 bis 80 Tage. Wenn das Acetat die richtige Härte hat – es darf noch nicht ganz hart, aber auch nicht zu weich sein – werden die Blöcke in große, hobelartige Maschinen gespannt. Je nach Justierung der Messer können mehr oder weniger dünne Acetatscheiben oder -folien zur Kaschierung entweder senkrecht oder schräg geschnitten werden. Die Lagerung erfolgt für 10 bis 16 Tage in konditionierten Räumen, die für einen optimalen Feuchtigkeitsgehalt vor der Weiterverarbeitung sorgen.

Durch eine Kaschierung kann farbloses mit getöntem Material derart verbunden werden, daß es anschließend als homogener Werkstoff gilt. Durch die Konzeption des Acetats – ob einfarbig, perlmuttschimmernd oder gefleckt, gestreift und getupft erhalten die Fassungen eine unglaubliche vielfältige optische Wirkung. Die eigentliche Herstellung der Brillenfassungen und Bügel erfolgt nun schrittweise durch Ausstanzen der Grundformen, erster Zurichtung der Rohlinge und formgebender Oberflächenbehandlung im Fräsverfahren.

Feinste Abstimmungen des technisierten

Damenbrille, um 1965, rot-weißer Schichtkunststoff mit Zierfräsung am Rand, weiße, gerade Bügel

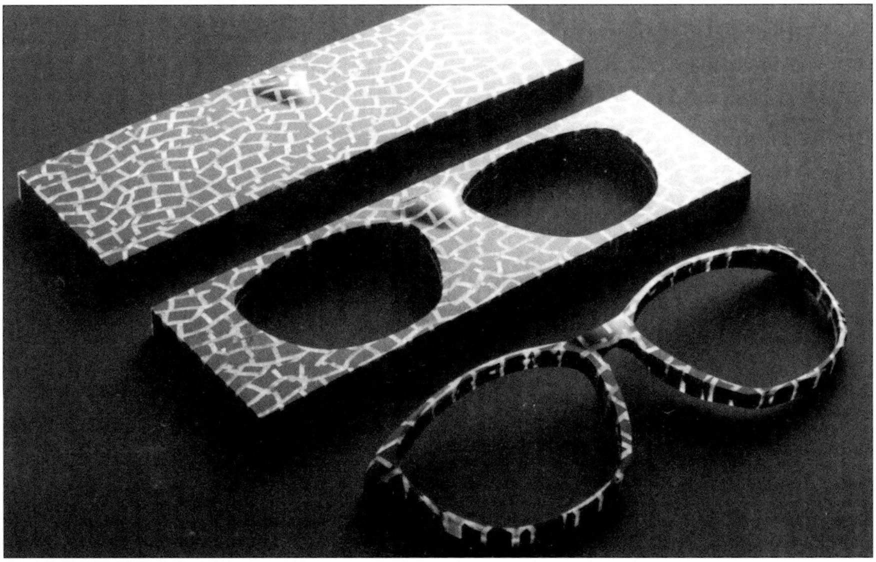

Von der Acetatplatte zum Rohmodell, Rodenstock

Fräsvorgangs erlauben in mehreren Arbeitsgängen das partielle Abtragen bestimmter Lagen, die darunterliegende Muster, Farben und eingebettete Strukturen wieder zu Trage treten lassen.
Die endgültige Politur der Oberfläche erfolgt durch Trommelung. Nach Montage der Bügel – die Seitenpads entfallen meist, da die Fassung direkt auf der Nase aufliegt – werden die Fassungen im letzten Arbeitsgang zur Reinigung durch eine vollautomatische Ultraschall-Waschanlage geschickt.

Herrenbrille „Gero“, 1967-73, extrudiertes Acetat in Keilmachung, Rodenstock

EXTRUDIERTES ACETAT

In den 50er Jahren wurden erstmals Cellulose-Acetat Platten durch Extrusion produziert. Das hatte einige Vorteile: Einmal verkürzte man dadurch die in Abhängigkeit von der Dicke oft erheblichen Trockenzeiten (keine Lösungsmittel). Zum anderen konnten Acetate eines höheren Veresterungsgrades (mehr Säure) eingesetzt werden, die eine leicht verbesserte Dimensionsstabilität aufwiesen. Doch zunächst beschränkten sich die technischen Möglichkeiten auf einfache Streifen und Keilmachungen – eine weitere Farbkomponente in transparenter Plattenmatrix. Das änderte sich jedoch bald. Es kam zu interessanten Entwicklungen und Patenten, die bis heute dazu geführt haben, daß bis zu fünffarbige Multicolorplatten mit eindrucksvollen Maserungen hergestellt werden können. Da die Maserungen aufgrund der Eigenheiten des Verfahrens anders sind als beim Block-Acetat, haben die extrudierten Platten heute den weitaus größeren Marktanteil. Durch das wesentlich schnellere Herstellungsverfahren können modische Trends, vor allem in der Farbgebung, mehr oder weniger sofort berücksichtigt werden.

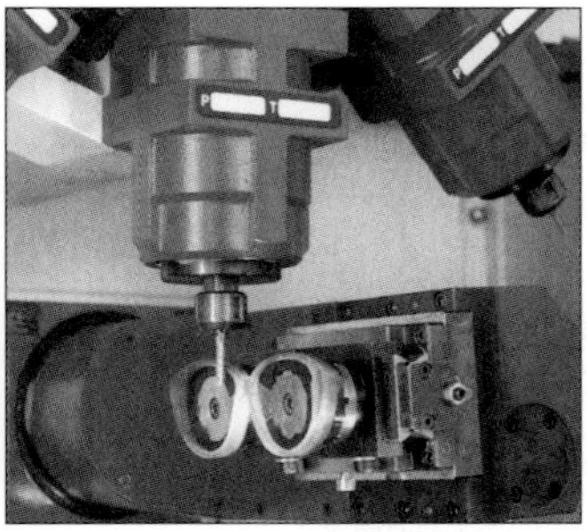

Automatisiertes Fräsen einer Fassung aus Kunststoff, Rodenstock

Zu Beginn der Fertigung ist das Cellulose-Acetat nichts anderes als endlos lange, dünne „Spaghetti“. Ein rotierendes Messer zerkleinert das Material zu farblosem Granulat, das im Extruder zum Schmelzen gebracht wird. Jetzt kann der zähflüssige Kunststoff mittels Düsen in fünf verschiedenen Farben eingefärbt werden.
Zur Glättung und Kühlung werden die weichen Bänder jetzt durch Walzmaschinen geschickt, ehe sie zu ähnlichen Formaten wie

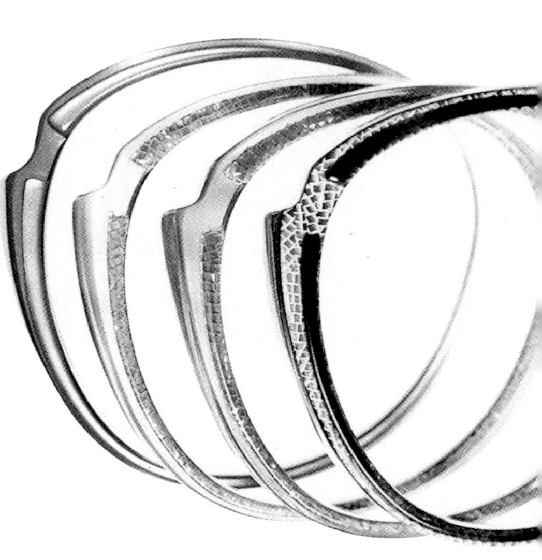

Ausgefräste Kaschierungen ergeben die Farbvarianten von „Lady R 918“, 1982, Rodenstock

beim Block-Acetat zugeschnitten werden. Eine der zahlreichen Variationsmöglichkeiten bei der Erzeugung von extrudiertem Acetat, die übrigens auch beim Block-Acetat durchführbar ist, ist die Kombination des Cellulose-Acetats mit Kunststoff-Folien, die ihre Farbe per Siebdruckverfahren erhalten. Dabei wird auf eine 1 mm starke Folie einseitig unter Einbeziehung von Metallgittern auf elektrochemischem Wege übertragen.

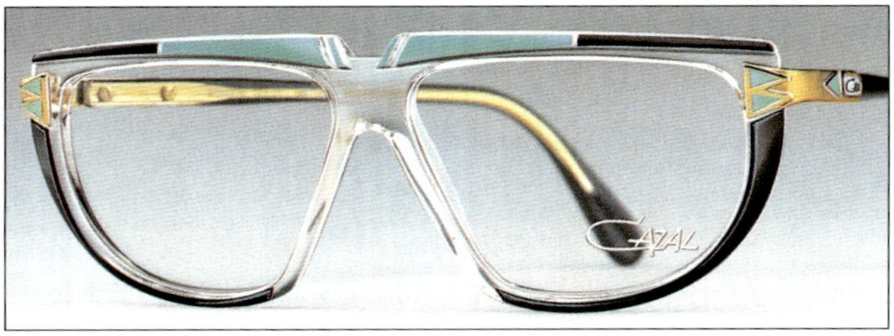

Damenbrille „316 von Cazal, 1993, glasklares Propionat mit Farbdekor

Danach wird die Folie mit dem etwa 4 mm dicken Plattenmaterial so verkittet und verpreßt, daß die Farbschicht dem Grundmaterial zugewandt ist.

SPRITZGUSSACETAT

Das Spritzgießen von thermoplastischen Formmassen leitete bereits ab 1935 die Massenherstellung ein. Im Gegensatz zur Verfahrenstechnik des Extrudierens erfolgt es unter Druck. Der Ablauf sieht folgendermaßen aus: Die Formmasse wird durch Erhitzen in einen schmelzflüssigen Zustand gebracht und in Formen gepreßt, in denen sie nach der Abkühlung erstarrt. Während des Spritzgußverfahrens bilden sich Spannungen im Werkstoff, die bei weniger dimensionsstabilen Werkstoffen zu Verformungen führen. Dieses ist insbesondere der Fall, wenn erhöhte Temperatur und Luftfeuchtigkeit herrschen. Etliche Versuche ab Mitte der 50er Jahre, eine Spritzguß-Brillenfassung aus thermoplastischen Zellulose-Acetat auf dem Sektor der Korrektionsbrille unterzubringen, scheiterten an eben dieser Instabilität des Acetats.

Die Qualität war so minderwertig, daß die Optiker in der Folgezeit entsprechend skeptisch reagierten, sobald ihnen Fassungen angeboten wurden, die entweder spritzgegossen, gespritzt, „gemoulded" oder formgepreßt waren. Dabei handelte es sich übrigens immmer um das gleiche Herstellungsprinzip.

Gespritzte Fassungen aus Cellulose-Acetat blieben lediglich den mittelmäßigen und billigen Sonnenbrillen vorbehalten. Das änderte sich auch nicht, als es gegen Ende der 50er Jahre gelang, höherwertige Fassungen aus Cellulose-Acetobutyrat (CAB) zu spritzen. Auslöser hierfür war der Umstand, daß man gezwungen war, CAB zur Produktion von Fassungen für polarisierende Gläser einzusetzen, die sich mit dem im Cellulose-Acetat befindlichen Weichmacher nicht vertrugen. Allerdings sind Spritzgußformen relativ teuer und amortisieren sich nur bei hohen Auflagen.

PROPIONATE

Etwa 1976 gelang die Entwicklung eines höherwertigen Celluloseesters, dem Cellulosepropionat – kurz CP. Ein Kunststoff, der

Modellform für das Spritzen von Fassungen aus Kunststoff, Rodenstock

auch als spritzgegossene Fassung den Anforderungen für Korrektionsbrillen entspricht. Von Anfang an wurde in größeren Stückzahlen produziert. Heute kann der Anteil dieser Fassungen am Gesamtmarkt bereits als bedeutend bezeichnet werden und weist eine steigende Tendenz aus.

Beim Spritzgußpropionat wird die Gießform, bestehend aus einem Stahlgehäuse mit auswechselbarem Gießeinsatz aus Metall oder Kunststoff, in eine Presse eingesetzt. Der Gießeinsatz aus Metall eignet sich für sehr hohe Stückzahlen, da er nicht verschleißt. Allerdings ist er auch in Entwicklung und Herstellung sehr teuer. Der Gießeinsatz aus Kunststoff ist zwar relativ günstig, aber dafür bekommt er auch durch die hohe Beanspruchung während des Einspritzvorgangs Risse und Ausbrüche. Daher eignet er sich nur zur Fertigung von ungefähr 3000 bis 5000 Fassungen.

OPTYL

Auf der Suche nach einem optimalen Werkstoff für die Brillenindustrie stieß man schließlich in den 60er Jahren auf die Epoxidharze. Ausgangsprodukt dieser Kunststoffe sind vollsynthetische Chemikalien von besonders hoher Reinheit. Fünf Jahre intensiver Forschungsarbeit und ein Kostenaufwand in Millionenhöhe waren erforderlich, um 1968 Optyl auf den Markt zu bringen.

Die Eigenschaften von Optyl sind speziell an die Erfordernisse für Brillenfassungen angepaßt. Es besitzt ein sehr geringes Gewicht und eine ausgezeichnete Formbeständigkeit bei guter Elastizität. Abgesehen davon ist die Zugfestigkeit doppelt so hoch wie beim Acetat, wodurch die Fassungen sehr filigran ausgeführt werden können. Darüber hinaus erlaubt Optyl jedes erdenklich Design und setzt den vielfältigsten Farbvaria-

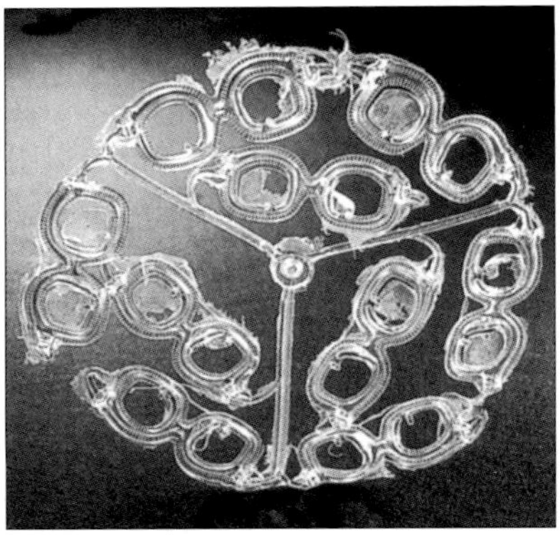

Vergußstern mit Brillenfassungen aus Optyl

tionen keine Beschränkungen. Da die Verarbeitung des Materials ohne Weichmacher erfolgt, treten keine unliebsamen Erscheinungen wie Sprödigkeit und weißer Belag auf. Auch die Hautverträglichkeit ist bei Optyl um ein Vielfaches besser als die anderer halbsynthetischer Kunststoffe. Auch hierbei ist entscheidend, daß kein Weichmacher im Material enthalten und es chemisch ausreagiert ist. Da der Lack den Kontakt zwischen Haut und Farbpigmenten unterbindet, treten nur in allerseltensten Fällen allergische Reaktionen auf, die durch eine doppelte Lackierung fast ausgeschlossen werden können. Eine weitere Aufgabe der Lackierung besteht darin, Farbveränderungen der Fassung durch Hautabsonderungen zu vermeiden.
Im Gegensatz zu Cellulose-Acetat können Optyl-Fassungen im materialsparenden und praktisch drucklosen Vakuum-Gießverfahren hergestellt werden, einer rationellen und automatischen Serienfertigung.
Weitere Pluspunkte: Optyl besitzt eine hohe Wärmeformbeständigkeit, ist kratzfester als Cellulose-Acetat und erreicht seine Flexibilität ohne Zusatzstoffe.
Für die Produktion von Fassungen aus Optyl wurde eine rationelle, automatische Serienfertigung entwickelt. Zunächst wird die Anatomie der Brille 'eingefroren'. Dies geschieht mittels des 'Memory-Effekts', bei dem das Optyl auf etwa 80 - 100° erwärmt und im Vergußstern in seine endgültige Form gebracht wird. Durch erneutes Erhitzen kehrt der Werkstoff von selbst in seine Ursprungsform zurück. Damit ist das Anpassen nur ein Einfrieren der jeweils gewünschten Form auf Zeit – ein Vorgang, der sich beliebig oft wiederholen läßt.
Wenn der Vergußstern aus der Form kommt, ist er noch weich, doch schon nach wenigen Sekunden hat er seine Festigkeit erreicht. Im nächsten Arbeitsgang werden die Bügel abgetrennt und die überstehenden Kanten sorgfältig abgeschliffen. Danach folgt das Einfräsen der Glasnut. Anschließend kommen die noch nicht montierten Fassungsteile für 24 Stunden in eine große Scheuertrommel, um die Oberflächen für den Färbeprozeß aufzubereiten. In speziellen Tauchbädern erhalten sie ihre Farben. Der Farbverlauf hängt davon ab, in welchem Winkel welches Brillenteil getaucht wird und die Farbintensität wird durch die Länge der Tauchzeit bestimmt.
Nach der Montage erhält die Fassung als nächstes in einem hermetisch abgeriegelten, staubfreien Raum bei minus 15° eine Spezialbeschichtung, durch die die Oberfläche härter und widerstandsfähiger wird. Beim anschließenden Trocknen in Warmluft entsteht eine Art Einbrennlackierung. Nach dem Aushärten des Lackes werden die Fassungen noch einmal auf 100 Grad erwärmt und auf einer speziellen Vorrichtung –

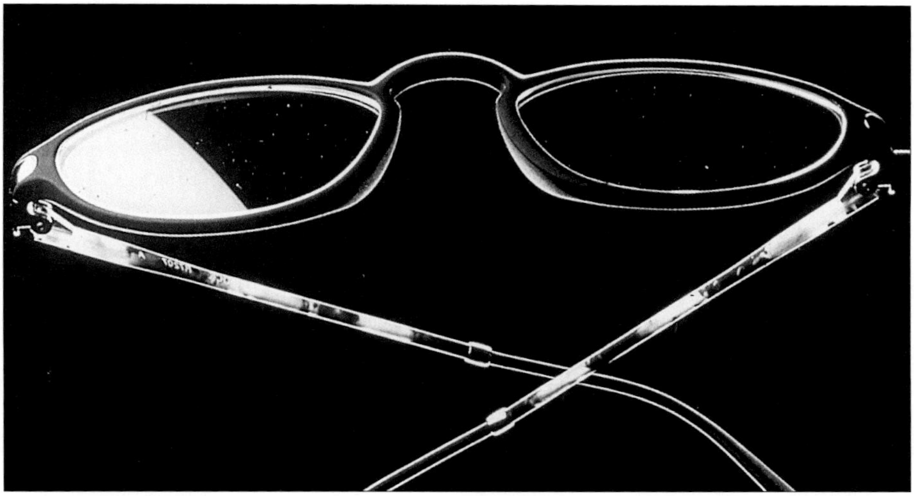

Damenbrille „7207", seit Januar 1994, extrem leichtes Polyamid für dünnrandige Verarbeitung, Rodenstock

dem Wölbkopf – in die anatomisch richtige Form gebracht. Bei Sonnenbrillen setzt man während dieses Vorgangs gleich die getönten Gläser ein.

PA-COPOLYMER UND PMMA

Bei PA-Copolymer handelt es sich um ein speziell für Brillenfassungen entwickeltes Polyamid, das ohne Weichmacher hergestellt wird, gegen Licht- und Witterungseinflüsse stabilisiert und nur schwer entflammbar ist. Außerdem zeichnet es sich durch folgende Vorteile aus:

- Extreme Bruchfestigkeit und Leichtigkeit
- Hohe Beständigkeit gegen alkoholhaltige Reinigungsmittel, Kosmetika und Hautschweiß
- Hautverträglichkeit.

Ebenfalls zu den Thermoplasten gehört PMMA – Polymethacrylsäuremethylester – eine firmenneutrale Bezeichnung für Plexyglas und Acrylglas. Es gibt allerdings nur geringe Stückzahlen von Fassungen aus besagtem PMMA. Das hat ohne Frage seine guten Gründe. PMMA ist spannungsrißempfindlich, es ist das sprödeste und damit bruchgefährdetste Material. Hinzu kommt, daß in Verbindung mit Hautschweiß und bestimmten Kosmetika Reaktionen auftreten.

Daß es trotzdem vereinzelt für Sondermodelle verwendet wird, liegt an seiner glasklaren Farblosigkeit, die von keinem der anderen Materialien erreicht wird und verschiedene modische Effekte ermöglichen. PMMA-Fassungen werden entweder aus gegossenen Platten gefräst oder direkt als Monomere formgegossen, wobei sich Zierornamente und sonstiger Schmuck direkt eingießen lassen. PMMA läßt sich hervorragend polieren. Neben seiner fehlenden Eigenfarbe erkennt man das Material an einem unangenehm süßlichen Brandgeruch und einem leichten Knistern im Bandtest.

RuPaul mit „Browser", 1991, l.a.Eyeworks, Los Angeles

EINGLAS UND MONOKEL

Seit es Sehhilfen gibt, gibt es das Einglas. Und seit es das Einglas gibt, behauptet es auch seinen Platz – mal anderen Modellen untergeordnet, mal von den Damen und Herren der Gesellschaft als Modeaccessoire lanciert.

Obwohl das an einem kurzen Stiel oder Ring gehaltene Einglas bereits im 18. Jahrhundert seine Blütezeit erlebte, war es bis weit in unsere Epoche gebräuchlich. Die Entwicklung des Einglases oder Monokel, wie es auch genannt wurde, geht auf die Disqualifizierung der Brillenträger in der Öffentlichkeit, die daraus resultierende Scham und die aberwitzige Vorstellung, durch eine Brille entstellt – oder noch schlimmer – alt auszusehen, auf der einen Seite, sowie auf die Notwendigkeit, eine Brille zu benutzen auf der anderen Seite, zurück.

Der französische Augenoptiker Marc Thomin formulierte 1794 die Problematik folgendermaßen: „ ...Man bildet sich ein, daß die gewöhnlichen Brillen ein altes Aussehen verleihen und eine gewisse Lächerlichkeit auf die Person ihres Trägers werfen, während im Gegensatz dazu die Eingläser mit Anmut benutzt werden können!"

In Folge der Französischen Revolution, in der Direktorialzeit 1795-99, machte in Paris eine Gruppe junger Leute, es handelte sich vorwiegend um reaktionäre Söhne von Emporkömmlingen und Spekulanten, das Einglas zum unverzichtbaren modischen Relikt. Unverzichtbar in sofern, da die „Incroyables" – die Unglaublichen – und ihre weiblichen Begleiterinnen, die „Merveilleuses" – die Wunderbaren – die Sehhilfe dazu mißbrauchten, um mit affektierter Gestik ihr dekadentes Erscheinungsbild noch zu unterstreichen.

Ursprünglich komplettierten die Eingläser als Accessoires die eleganten Roben der

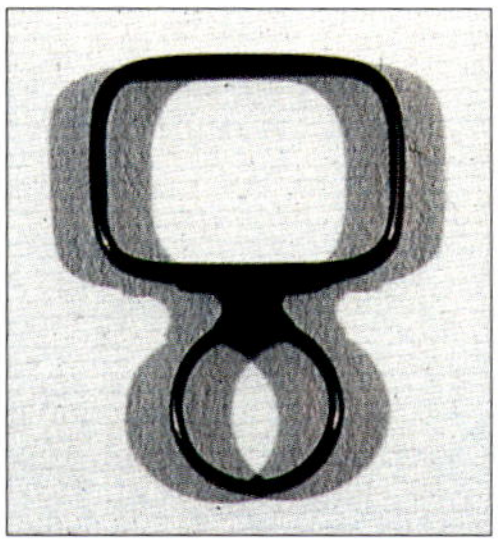

Einglas aus Schildpatt, 19. Jh., aus einem Stück gefertigt, Stielring

Einglas aus Stahl, Mitte 19. Jh., Schließblock-Ring

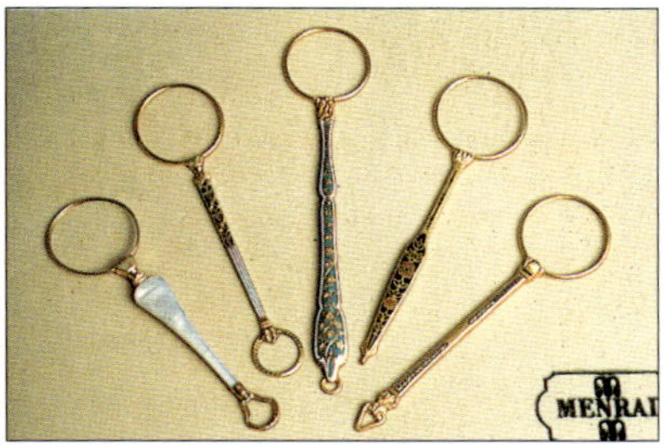

Eingläser mit langem Stiel „antik", 1993, Menrad-Gruppe

Damen und die Anzüge beziehungsweise Uniformen der Herren bei Hofe. Selbstverständlich durfte es nicht ein einfaches Einglas sein. Die Fassung mußte aus Gold oder Silber und mit reicher Goldschmiedearbeit oder Edelsteinen geschmückt sein. Besonders Modelle mit längerem Stiel boten sich dafür an. Wurde es nicht gerade vor dem Auge gehalten, so hing es entweder an einem Kettchen um den Hals oder wurde an einem Knopf der Jacke befestigt.

Eine Renaissance – samt nötigem Augenzwinkern – erlebte das Einglas mit kurzem Griff, das als „Browser" 1991 von l.a. Eyeworks entwickelt, gut zu dem amerikanischen Spektakelwunder RuPaul paßte. Wer hat sie nicht vor Augen, die leicht verzerrten Gesichter der Offiziere, Edelleute und honorigen Bürger aus alten Schwarzweißfilmen, deren Handlung im vergangenen Jahrhundert angelegt ist. Verzerrt deshalb, weil sie ein Monokel tragen, und weil dieses Monokel durch den Ringmuskel des Auges gehalten wird. Eine Methode, die nicht gerade kommod war, zumal das Monokel in den meisten Fällen nicht der Anatomie des Auges angepaßt war, und entsprechend kniff, drückte oder ständig herausfiel. Der englische Schriftsteller Aldous Huxley (1894-1963) beschrieb die Probleme eines Monokelträgers ausgesprochen bildhaft: „Das Augenglas hatte zur Steigerung seines Selbstbewußtseins nichts beigetragen. Eigentlich fühlte er sich nie wohl, wenn er es trug. Monokelträger, entschied er, sind wie Poeten: geboren, nicht gemacht. Er konnte sich einfach nicht daran gewöhnen. Wenn er spazieren ging, baumelte es die meiste Zeit am Ende der Kordel, wie ein Pendel. Wenn er aß, hing es meist in der Suppe oder im Tee; oder er zog es aus Versehen durch Butter oder Marmelade. Nur selten, bei besonders günstigen Gelegenheiten, passte er es umständlich in sein Auge ein. Einmal eingepasst, behielt er es aber nie länger als ein paar Minuten auf, ohne seine Augenbrauen zu heben, um es wieder fallen zu lassen."

Bruno Paul mit Monokel, um 1925 (Archiv der Deutschen Werkstätten Hellerau)

Im Falle des Monokels steckt übrigens zur Abwechslung mal ein Deutscher hinter der Entwicklung, die auf dem Einglas beruht. Baron Philip von Stosch (1691-1757) führte um 1730 die neue Brillenmode ein. Zunächst war angenommen worden, daß der Kunstkenner und passionierte Sammler, der in Florenz lebte, nur für das Sehen in der Nähe benutzte, um die Hände zum Durchblättern der Kunstmappen freizuhaben, doch dagegen spricht, daß der Baron seine „Erfindung" als Neuerung allen Leuten sichtbar zur Schau stellte.

Ein befreundeter Zeitgenosse des Barons beschrieb die damalige Situation folgendermaßen: „Wegen seiner blöden Augen bediente er sich eines Fernglases, somit einem dünnen Kettgen am Rocke befestigt ist. Die Haut um sein Auge ist also gewöhnet, daß sie sich vest um dieses schließet und er nicht nötig hat, solches mit Händen daran zu halten."

Da Stosch angeblich ein Sonderling gewesen war, der nicht unbedingt ernst genommen wurde, verwundert es auch nicht sehr, daß er nur relativ wenige Nachahmer fand. Als wirkliche Sehhilfe etablierte sich das Monokel Ende des 18. und Anfang des 19. Jahrhunderts in England.

Den Weg zurück auf den Kontinent fand das Monokel 1807 durch den Wiener Optiker J. F. Voigtländer, der jedoch erst 1814 die ersten selbstgefertigten Monokel anbot. Gerade rechtzeitig zum Wiener Kongreß (1814-1815), wie sich sehr schnell rausstellen sollte, denn die angereisten Diplomaten fanden Gefallen an diesem „Ringstecher", wie die Österreicher ihn nannten, und sorgten schlußendlich für das nötige Aufsehen in ihren Heimatländern damit. Eine bessere Werbung kann man sich wirklich nicht vorstellen.

Es verwundert kaum, daß diese neue Mode natürlich von beissendem Spott begleitet wurde, da man den Trägern weniger eine Notwendigkeit unterstellte, sondern eher Hochmut und Geltungsbedürfnis – womit man nicht ganz unrecht hatte. Das Monokel war zwar ursprünglich dazu gedacht, eine einseitige Kurzsichtigkeit zu korrigieren, das hinderte aber niemanden daran, das Monokel aus vorab genannten Gründen oder aus Modebewußtsein zu mißbrauchen.

Huxley beschreibt dieses Problem, mit dem auch eine seiner Romanfiguren konfrontiert wurde, folgendermaßen: „Außerdem hatten Arme und Analphabeten eine höchst bedauernswerte Angewohnheit: sie lachten nur spöttisch über dieses Symbol einer höheren Gesellschaftsschicht."

Doch auch von wissenschaftlicher Seite gab es herbe Kritik am Monokel. Der renommierte englische Arzt William Kitchiner schrieb in seinem Buch „The economy of

Karikatur zum Stiftungsfest des Chorps Borussia von Bruno Paul für den Simplicissimus, 1902

Mit Galerie.

Monokel mit Galerie, 1911, Rodenstock

the eyes", daß „nichts dem Sehwerkwerkzeug verderblicher sein" kann, „als der plumpe Brauch, ein Glas durch Einklemmen in den Schließmuskel zu halten – dies kann nur unter Verdrehung, Störung und unter starker Schädigung der Einrichtung des Auges geschehen." In die gleiche Kerbe schlug auch der Budapester Augenarzt Adolf Szili 1882: „Es ist ein Abenteurer, ein Geck, ein Windbeutel, nicht selten nur eine leere fenstergläserne Scheinexistenz. Und das nennt sich Augenglas! Wehe, wenn ihm wirklich eine höhere optische Bedeutung zukommt und der freche Geselle dadurch, daß er die Gesundheit des Auges untergräbt, das legitime Geschlecht der Augengläser compromittiert ..."

Und da wir schon beim Kompromittieren sind, die Herren Offiziere und Studenten, die in solchen Dingen nicht ganz unerfahren waren, waren auch diejenigen, die dem Monokel allen Anfeindungen zum Trotz bis in die Zeiten des Zweiten Weltkriegs und darüber hinaus die Treue hielten. Die einzig nennenswerte Verbesserung des Tragekomforts bestand etwa um 1910 in einer stegförmigen Galerie, die oben und unten der Fassung als Verbreiterung vorgeblendet wurde. Mit und ohne Fassung taucht das Monokel immerhin noch im Katalog der Firma Rodenstock auf, der 1951 erschien. Wer das elitäre Gefühl ausprobieren möchte, dem sei die 1991 erschienene Kollektion von L.A. Eyeworks empfohlen, deren Namen auf die Form anspielen:

Squareocle, Diamandocle, Bondacle und Roundocle.

LUNETTEN UND LORGNETTEN

Aus dem Einglas entwickelten sich in der Folgezeit eine Reihe weiterer Sehhilfen, die häufig unter verschiedenen Namen angeboten wurden.

So hießen die an Stielen gehaltenen Gläser bis zum Ende der Regierungszeit Ludwig XIV. 1715 Lorgnetten. Etwa um

MONOKEL

Einfach und doch kompliziert: Eine Gebrauchsanweisung für ein neues festsitzendes Monokel der Firma Nitsche & Günther aus dem Katalog von 1914: „Vielen Personen ist das Tragen eines Monokels fast unmöglich, da selbiges bei der geringsten Änderung des Gesichtsausdruckes herunterfällt. Durch diesen Übelstand sind mit der Zeit verschiedene Modelle entstanden, welche jedoch selten den gewünschten Erfolg haben, oder aber die Konstruktion ist so auffällig, daß der Monokelträger lieber auf das Tragen eines derartigen Stückes verzichtet.

Unser Modell soll nun diesen Übelstand in vielen Fällen abhelfen. Das lästige Abrutschen des Monokels vom Nasenbein namentlich wenn die Haut infolge der Wärme feucht ist, soll durch die Einbuchtung vollständig vermieden werden, ohne daß die hierfür geschaffene Vorrichtung zu sehen ist. Ein derartiges korrekt angefertigtes Monokel wird auch in denjenigen Fällen einen guten Sitz gewährleisten, wo die bisherigen Modelle versagen."

Lorgnette in Schildpattgehäuse, Mitte 19. Jh., Messinggestell

die Mitte des 18. Jahrhunderts wurden bei den Optikern Begriffe wie 'monocle', 'lunette de main', 'verre à la main' oder 'lanstier' üblich. Als Lorgnetten bezeichete man hingegen fortan Handgläser, die an einem längeren Stiel 'binocle', also doppelte Gläser, in einer starren Fassung vor die Augen hielten und in den Griff eingeklappt werden konnten. Die einfache Handhabung und vor allem der Umstand, die Sehhilfe, wenn es notwendig war, rasch verschwinden lassen zu können, ohne beispielsweise die Frisur zu ruinieren, förderte die Beliebtheit der Vorhaltebrille. Die Lunetten bestanden aus starren Fassungen, die durch ein Scharnier mit einem langen Stiel verbunden waren.
Daraus entwickelte der englische Optiker George Adams d. Ä. 1780 die sogenannten Einschlaglorgnetten. Sein Sohn, George d. J. veröffentlichte 1789 das Buch „An Essay on vision briefly", in dem er die Lorgnette seines Vaters erstmals abbildete und dem Publikum vorstellte.
Drei französische Optiker nahmen sich Adams' Entwicklung an und verbesserten sie. Bei den ersten Modellen handelte es sich noch um starre Fassungen aus Metall mit runden Gläsern und halbrunden Stegen. Fassung und Griff, der aus zwei Hornhalbschalen bestand, waren durch ein Scharnier miteinander verbunden. Nach Gebrauch wurde die Fassung in den Griff eingeschlagen. Man bezeichnete sie deshalb auch als „Einschlaglorgnette".
Ab 1818 brachte ein gewisser M. Lepage „Gelenklorgnetten" auf den Markt. Ihr Vorteil bestand darin, daß sie besonders klein zusammengelegt werden konnten.
Als noch zierlicher und kunstvoller erwiesen sich die „Springlorgnetten". Nonplusultra waren Federn an den Gelenken, die automatisch aufsprangen, sobald man ein kleines Hebelchen betätigte. Die Griffe als Gehäuse waren meist ausgespochen kostbar mit Schildpatt oder Perlmutt verziert. Sie erwiesen sich als bevorzugte Augenhilfe des Biedermeier.
Bei den „Wickel-" oder „Rollorgnetten", für die der Londoner Optiker Robert Bretell Bate am 15. März 1825 das Patent erhielt, waren die Gläser nicht durch einen Steg mit dem Gelenk verbunden, sondern durch einen federnden Bügel. So ließen sich die beiden Gläser in der Fassung übereinander „wickeln" oder „rollen". Das Ergebnis entsprach einem gestielten Einglas.
Lorgnetten blieben auch Anfang des 20. Jahrhunderts ein Stilmittel des gehobenen Bürgertums und sind bis Anfang der 50er Jahre in Verkaufskatalogen enthalten. Im Gegensatz zum Klemmer oder Einglas wurden Lorgnetten jedoch fast ausschließlich von der Damenwelt bevorzugt, die sie mit unauffälliger, aber durchaus betonter Eleganz aus ihren Ridicules oder Châtelaines zogen und ebenso geziert vor die Augen führten. So ist es auch nicht weiter verwunderlich, daß diese Sehhilfe rasch den Charakter eines Schmuckstückes erlangte. Für die Fassungen und Gehäuse verwendete man Gold und Silber, besetzte sie häufig mit Gemmen, Perlmutt oder Elfenbein und Schildpatt. Am Ende des Gehäuses befand sich meistens ein kleiner Ring, durch den ein

Lorgnette nach Spaney, um 1912

Band oder Kettchen gezogen wurde. Nicht selten war das Band aus den Haaren eines geliebten Freundes oder Kindes geflochten und erhielt dadurch noch zusätzlich den Charakter einer Memorabilie. Neben der tatsächlichen Notwendigkeit gab es natürlich auch bei der holden Weiblichkeit die Allüren mittels einer Sehhilfe interessierte Aufmerksamkeit und Bildung zu dokumentieren. Von ganz besonderer Art war die um 1912 aus Amerika kommende Lorgnette von A. Spaney. Sie war über England auf das europäische Festland gelangt und wurde hier zur beliebten Brillenform. Die Gläser waren separat gefaßt und bildeten in geschlossener Form jeweils die Hälfte eines medaillonförmigen Schmuckstücks. Zur Benutzung mußte man sie öffnen. Spaneys Lorgnette war beinahe purer Luxus, aus Platin oder Gold gefertigt und vielfach mit kostbaren Edelsteinen und Perlen besetzt. Einfacher und trotz unterschiedlicher Ausführungen erschwinglicher blieben die Lunetten. Im Jahre 1911 bot die Optische Anstalt G. Rodenstock über 30 verschiedene Modelle an, die im Preis zwischen 2,- Mark in Celluloid und 11,50 Mark in Schildpatt schwankten.

Swatch eyes Christmas Special „Sans Souci" als Lunette, 1993

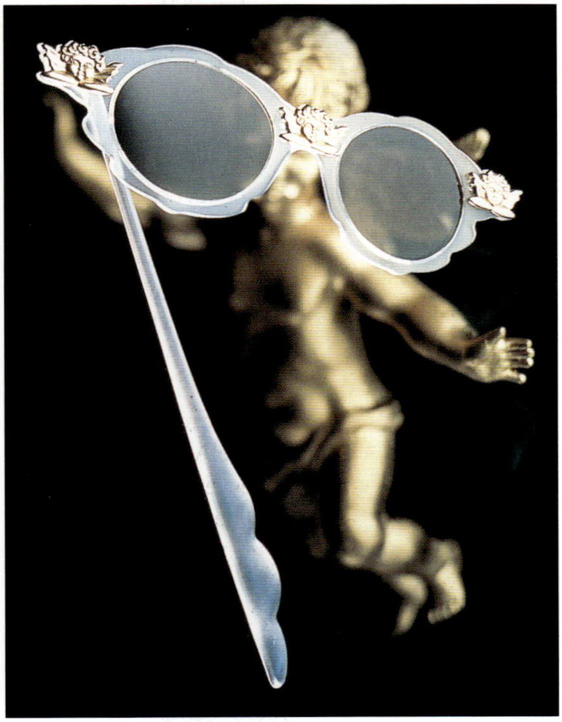

Die Preise für Lorgnetten lagen hingegen bei 5,75 Mark für eine Elektro-Doublè-Garnitur und 30,- Mark für eine Version in prima Gold-Doublé.
Rodenstocks Angebot umfaßte in jenem Jahr: „Ausser den nachstehend verzeichneten Lorgnetten und Lünetten (...) auch fast alle sonstigen Ausführungen und besonders auch die mit fast jeder Saison wechselnden sogenannten Phantasie-Modelle." Phantastisch präsentiert sich auch das Revival der Lunette, wie es von Swatch eyes vorgeschlagen wurde.

KLEMMER

Der Vorläufer des Klemmers war die im 17. Jahrhundert entwickelte Drahtklemmbrille, auch Nasenquetscher genannt. Die ersten Modelle wurden noch aus Kupferdraht, später aus sogenanntem Leonischem Draht, also versilbertem Draht, hergestellt. Das Verfahren war recht einfach. Ein gera-

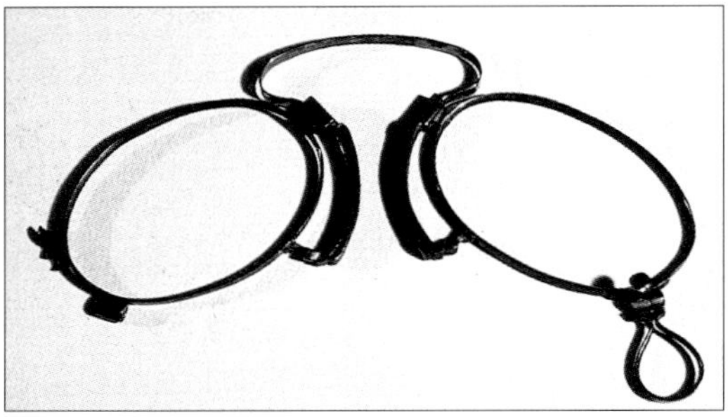

des Stück Draht wurde genutet und um die beiden Gläser gebogen. Das Mittelstück des Drahtes bildete den Nasensteg. Die beiden offenen Enden wurden durch dünneren Bindedraht geschlossen. Um die Nase ein wenig zu schützen, wurde die Fassung zur Nase hin mit Seidenband umwickelt.
Heute würde man angesichts solcher „Gestelle" von einem bis auf die Funktion reduzierten Minimum sprechen, doch damals war es einfach nur ein Minimum an Brille und ein Maximum an Unbequemlichkeit.
Zu Beginn des 19. Jahrhunderts machte man sich den gut federnden und strapazierfähigen Stahl zunutze. 1825 erhielt der französische Arzt Joseph Bressy das Patent für einen ebenfalls noch relativ einfachen Federklemmer. Die neuen Federklemmer bestanden aus einem Band aus Federstahl, das die zunächst runden und ab 1841 – der Pariser Optiker M. Lepage war der erste, der sie anbot – auch oval erhältlichen Gläserfassungen aus Schildpatt oder Metall miteinander verband. Zwar war dieses Prinzip auch noch nicht sonderlich bequem, doch nach einigen zögerlichen Verbesserungen war es fortan möglich, die Sehhilfe leidlich sicher auf die Nase zu klemmen.

Nach 1840 fanden die Klemmer jedenfalls von Frankreich und England ausgehend zunehmende Verbreitung. Im damaligen Deutschland übernahm die Gesellschaft die französische Bezeichnung „Pincenez", was von pince-nez abgeleitet und soviel wie „kneif die Nase" heißt. In Hessen nannte man den Kneifer schlicht „Petzer" und in Österreich sprach man vom „Stecher".
Die nächste bahnbrechende Entwicklung bestand 1857 aus Nasenhaltern am Klemmer. Zu verdanken ist sie dem Pariser Optiker Poullot, der zwei gebogene Schildpattplatten auf der Naseninnenseite des Gestells befestigte. Durch die vergrößerte Auflagefläche saß der Klemmer noch bequemer.
Im Jahre 1862 stellte M. Thiroin einen Kneifer ganz aus Schildpatt bestehend vor, der auch chinesischer oder japanischer Klemmer genannt wurde. Der Vorteil dieses Klemmers bestand darin, daß er nicht mehr

Silberner Klemmer, englische Form, 2. Hälfte 19. Jh., Stahlfeder, Stege mit Schildpatt belegt

Chinesischer Klemmer, 2. Hälfte 19. Jh., Schildpatt mit Stahlfeder

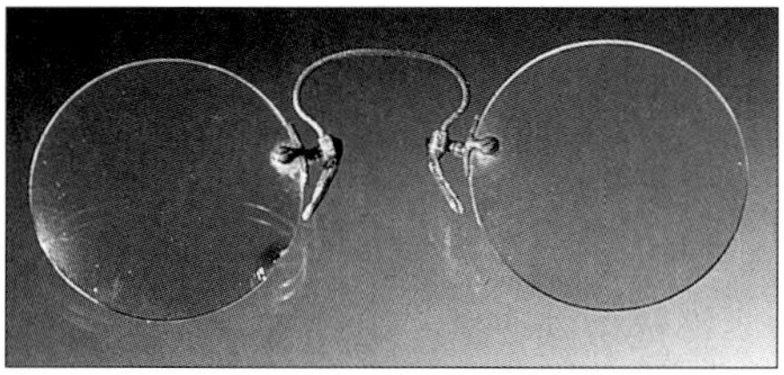

Klemmer, um 1910, Stege mit Schildpatt belegt

auf den Nasenflügeln, sondern auf der Nasenwurzel zwischen den inneren Augenwinkeln aufsaß. Dieser Typus wurde bis etwa 1900 gefertigt. Wie findig man in Frankreich in Sachen Klemmer war, bewies Jules Cottez, der 1890 den sogenannten Fingerklemmer erfand. Dabei handelte es sich um einen Klemmer mit festem Augenabstand, dessen starrer Steg zwischen den Gläsern dem jeweiligen Augenabstand angepaßt war und eine korrekte Stellung vor den Augen garantierte. Der Halt auf der Nase wurde durch federbelastete Hebelchen gesichert, die durch Daumen und Mittelfinger aktiviert wurden, während der Mittelfinger auf dem Steg ruhte. Ohne mechanisches Beiwerk funktionierte der Sportklemmer, dessen häufig randlosen Gläser nur durch eine vertikale, gebogene Feder und Nasenstege gehalten wurden.
In den folgenden Jahrzehnten entstand eine unglaubliche Vielzahl an Klemmern, die an dieser Stelle nicht alle besprochen werden können. So entstanden Klemmer mit und ohne Fassung, deren Gläser durch bewegliche Federn, Stege oder Balken verbunden waren und deren Seiten meist mit Kork oder Schildpatt belegt waren.
Neben dem Fingerklemmer erfreute sich auch der „Amerikanische Klemmer", der sich Dank seiner beweglichen Nasenhalter jedem Nasenrücken anpaßte, besonderer Beliebtheit. Der Balken- oder Zylinderklemmer hatte wiederum den Vorteil, daß durch das waagerechte Öffnen der Gläser – bei anderen Klemmern bogenförmig – der Sitz auf dem Nasenrücken genauer definiert und eine stets gleichbleibende Position vor den Augen gewährleistet war.
Ein Blick in den Katalog von 1911 der Firma Rodenstock verdeutlicht die Vielfalt der angebotenen Klemmer-Modelle in Form und Material.
Das besondere Augenmerk sollte jedoch der Optofix-Form gelten, einer neuen Klemmer-Konstruktion, bei der es sich laut Angebot um die vollendetste Form ihrer Art handeln: „Die teils nach rückwärts verlegte, wenig auffällige, elegante, rundförmige Feder, die im weiteren halbhorizontale Stellung hat, ist ungemein elastisch und gewährt ein besonders angenehmes und doch sehr festes Sitzen des Pince-nez in

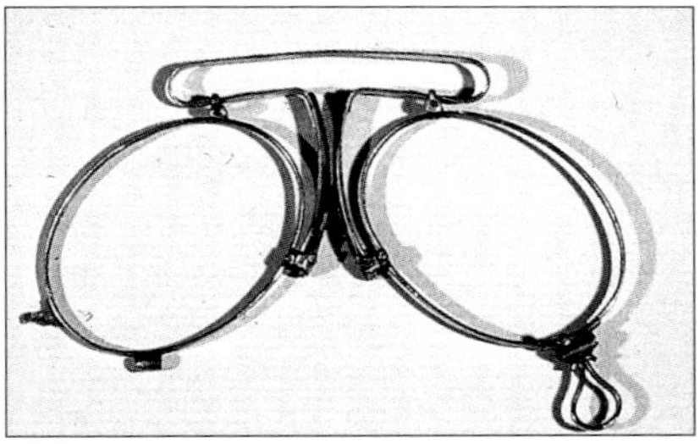

oubléklemmer mit beweglicher Feder, m 1900, Stege mit Schildpatt belegt

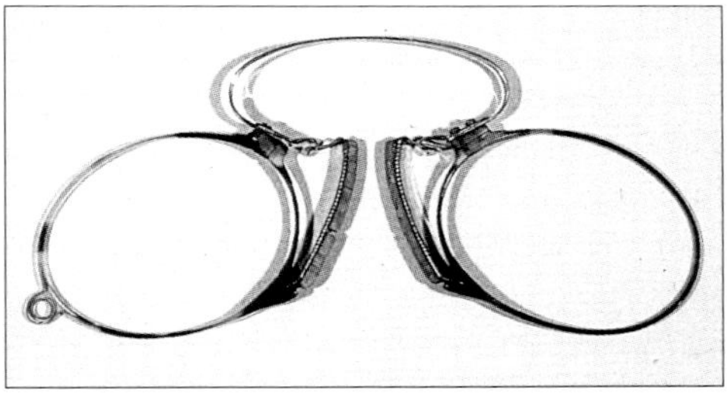

childpattklemmer, nerikanische Form, 1910, Stahlfeder, Doublé belegt und graviert

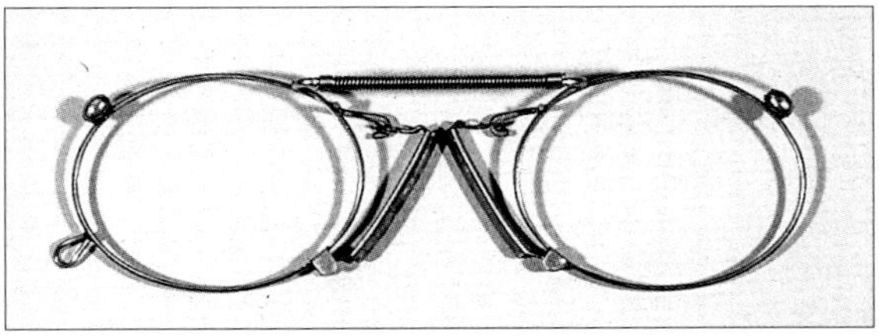

Balkenklemmer aus Nickel, m 1910, Stege mit Kork belegt

einer Art, wie keine andere Fasson. Die Pince-nez sind im weiteren verhältnismäßig sehr leicht, indessen sehr gediegen, dauerhaft und besonders auch sehr kleidsam für fast jede Gesichtsform." Pince-nez konnten an 120 cm langen Schnüren aus geklöppelter, schwarzer Seide oder Kettchen aus Gold oder Doublé mit Karabinern getragen werden. Gegen das lästige Baumeln dieser Anhängsel gab es runde Kapseln, die mit einer Sicherheitsnadel an der Kleidung befestigt, durch einem Federmechanismus die Kettchen aufrollten oder auch arretierten.

Wie bequem oder unbequem der Klemmer jedoch sein mochte, in den Kreisen wohlhabenden Bürgertums erfreute er sich ausgesprochener Beliebtheit. Galt er doch als Attribut der Gebildeten, was natürlich längst nicht immer zutraf, und als Symbol für die Zugehörigkeit zur Oberschicht, was ebenfalls nicht immer der Fall war.

Daraus entwickelte sich übrigens ein recht amüsanter Aspekt in Form eines regelrechten „Sittenkodex für Sehhilfenträger". Darin enthalten war beispielsweise die Direktive, daß man bei Begrüßungen und Vorstellungen den Klemmer abzunehmen habe. Dies galt insbesondere für das Militär und wurde in den Dienstvorschriften ausdrücklich betont. Ein besonders grober Verstoß wurde gesehen, wenn man einem höhergestellten Vorgesetzten mit Klemmer unter die Augen trat. Dies galt auch für Studenten, die gefälligst ihren Klemmer abzunehmen hatten, wenn sie mit ihrem Professor sprachen. Noch verwerflicher aber war es, bei großen Paraden an „Seiner Majestät" mit Augengläsern vorbeizumaschieren.

Klemmer „antik" von heute, Menrad-Gruppe

Apropos Majestät, im Jahre 1906 ließ die Regierung von Luxemburg eine Briefmarke drucken, die den Großherzog Wilhelm IV. mit Klemmer zeigte. Wie wohlwollend dieser Akt in der Öffentlichkeit und in der Presse aufgenommen wurde, dokumentiert das folgende Zitat aus einer zeitgenössischen Zeitung: „Es wird sicherlich noch eine Zeit kommen, wo umgekehrt das Fehlen eines Klemmers bei wichtigen Persönlichkeiten so auffallen wird, daß man derartige Bilder als Kuriosa in die Zeitung setzen dürfte."

Doch im Grunde waren diese Augengläser zum ständigen Tragen völlig ungeeignet. Um so verwunderlicher ist es daher, daß sie bis ins 20. Jahrhundert hinein als Sehhilfe schlechthin im Handel waren, obwohl es bereits Ohrenbrillen gab, die um einiges mehr an Bequemlichkeit boten. Trotzdem verwendeten erst in letzter Zeit einige Hersteller große Mühe darauf, die Zeitgenossen der Vergangenheit wieder zum Leben zu erwecken. Wem also der antike Klemmer in seiner Sammlung fehlt, kann hier die Lücke schließen.

VON DER JAHRHUNDERTWENDE
BIS ZUM ERSTEN WELTKRIEG

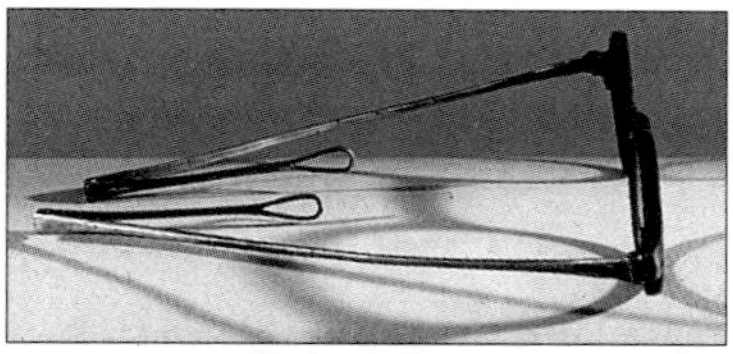

Hornbrille, Mitte 19. Jh., Knickbügel aus Neusilber nach innen

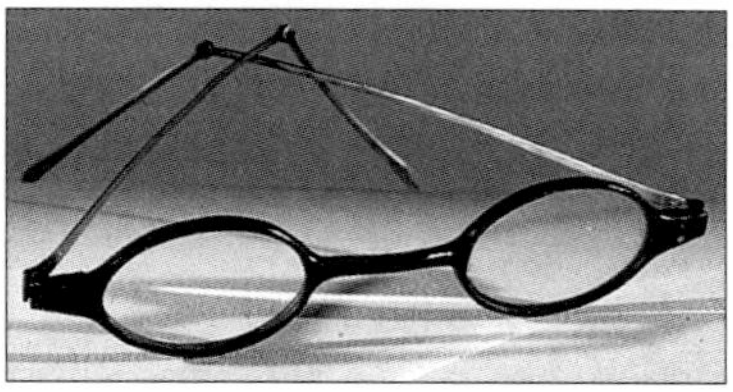

Schildpattbrille, Mitte 19. Jh., Mittelteil Schildpatt, mittelbreiter Rand, Messingbügel, halbrundes Profil

Die Geschichte der Ohrenbrille, und eben das ist jenes Modell, das wir heute als eine ganz normale Brille ansehen, begann mit der Weiterentwicklung der Schläfenbrille, die seit dem 18. Jahrhunderts im Handel war. Kurze Bügel, die mit einem breiten Scharnier an der Fassung ansetzten, endeten in einer flachen Ringform, die sich an die Schläfen preßte. Ein Londoner Optiker verkündete deshalb bereits 1752, daß er eine Brille mit Doppelstangen erfunden habe. Er hatte die Seitenbügel der Schläfenbrille verlängert und mit einem Gelenk versehen, so daß die angesetzten Stücke den Hinterkopf weit oberhalb der Ohren umfaßten und damit der Brille einen beseren Halt gaben. Gleichzeitig wurde so der unangenehme Druck auf die Schläfen vermieden, wie sie bei der Schläfenbrille immer wieder auftraten. Die breiten, flachen Seitenbügel wurden schon bald durch schmälere ersetzt, die es ermöglichten, die Gelenke so in die Bügel zu integrieren, daß die Bügelansatzstücke nach unten geklappt werden konnten.

Gleichzeitig wandelte sich die Form der Gläser vom runden, ziemlich unförmigen Gestell zu einer Ovalform, die im Laufe der Jahre kleiner und zierlicher wurde, da auch die verwendeten Materialien wesentlich robuster geworden waren. Diese Formen blieben bis weit nach der Jahrhundertwende fast ohne Veränderungen gültig.

Vereinzelt wurden Bügel mit drei Gelenken versehen, um einen noch besseren Halt der Brille zu erreichen. Eine entsprechende, aber weniger elegante Alternative bestand

Eisenbrille, um 1800, halbrunder Augenrand, breite Schließblöcke, flache Bügel

Vernickelte Stahlbrille „extra dünn", um 1900, rundes Profil, Bügel in Läppchen endend. Brille offensichtlich nie getragen, alter Verkaufsaufkleber „28"

darin, die Bügel in Ösen enden zu lassen, durch die ein Band oder Gummiband gezogen werden konnte.

Stets aktuell war jedoch der Tragekomfort, der entscheidend vom Gewicht der Brille abhing. Obwohl die Fassungen dadurch noch filigraner wurden und leichter verbogen werden konnten, ging der Trend zu sogenannten Federn, die aus Rund- oder Flachstäben für Damen und Herren unterschiedlich geformt wurden. Für die holde Weiblichkeit behielt man einen nur ganz leicht am Ende gebogenen Stangenbügel ohne Knick bei, der unter die Haare geschoben werden konnte und dabei Perücken oder kunstvolle Frisuren nicht zerzauste. Herrenfedern behielten bis zum Ersten Weltkrieg ihren Knick, mit dem sie hinter das Ohr gelegt werden konnten. Durch steigende Qualität der Metallbearbeitung von Nickel und Stahl entstand gleichzeitig der runde, elastische Gespinstbügel, auch Reitfeder bezeichnet, als Vorläufer des heutigen Hakenbügels. Das Ende der Federn bestand aus Oliven oder flachen Läppchen. Anfang des 20. Jahrhunderts gelang es der Ohrenbrille den bis dahin favorisierten Klemmern in der Beliebtheit den Rang abzulaufen. Ein wesentlicher Aspekt hierfür mag in dem angenehmeren Sitz und in der Stabilität der Ohrenbrille gelegen haben.

Entscheidend für die fortschreitende Entwicklung der Ohrenbrille war unter anderem die Einführung der „Mittelfeinen Nickelbrille" als Kassenmodell, mit der allen Fehlsichtigen endlich eine Möglichkeit gegeben wurde, die bis dahin für den Durchschnittsbürger fast unerschwingliche Sehhilfe zu erstehen. Nur mit einer Glasgröße angeboten, kostete eine Brille – je nach Feder – zwischen 5,25 und 8,75 Mark.

Obwohl verschiedene Lösungsvorschläge für den Nasensteg im Lauf des 19. Jahrhunderts entwickelt wurden, setzte sich der W-Steg nicht nur bei der Kassenbrille, sondern auch im Lauf der Zeit allgemein durch. Allein 27 verschiedene Nasensteg-Formen präsentierte der 1911 erschienene Rodenstock-Katalog, die sich aus der Kombination des unterschiedlichen Augenabstands, der Höhe und der Wölbung nach vorn ergaben. Kurz vor dem Er-

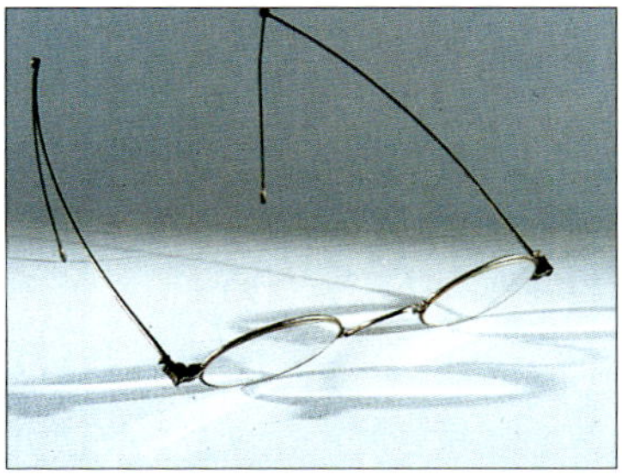

Nickelbrille mit englischem Steg und „Herrenfeder", um 1880, geschweifte Backe, Knickbügel mit rechteckigem Profil und Olive

STEGFORMEN DER OHRENBRILLE

C-STEG: Um 1800

X-STEG: Um 1800 (auch Doppelsteg genannt). Brillen mit einem X-Steg lagen nicht mehr mit den Fassungsrändern auf der Nase auf, sondern mit dem Steg.

K-STEG: Um 1820 (auch Doppelsteg genannt). Um eine bessere Anpassung zu erreichen, wandelte man den X-Steg in einen K-Steg, indem man ihn quasi nach oben drückte.

W-STEG: Ab 1890 (auch englischer Steg genannt). Dieser neue Steg bot erstmals die Möglichkeit, Höhe, Augenabstand und Abstand dem Gesicht jedes Trägers individuell anzupassen.

sten Weltkrieg begann sich in England die dicke, im Gegensatz zur ovalen Kassenbrille, runde Hornbrille durchzusetzen. Sicher verdankte sie ihr Comeback der deutschen Rezeption des amerikanischen-angelsächsischen Countrylook. Ein Berliner Optiker verwies 1915/16 in einem Beitrag der Deutschen Optischen Wochenschrift (DOW) darauf hin, daß die höheren Gesellschaftsschichten stimulierend auf die Mode gewirkt hätten, indem sie die rund und starkrandig gebliebene Jagdbrille demonstrativ als Straßen- und Hausbrille getragen hätten. Aber bereits in der Württembergischen Zeitung von 1913 war nachzulesen, daß ein weibliches Mitglied der Londoner Aristokratie als Urheberin galt: Die Dame glaubte eine Zeit lang Zweifel an der ehelichen Treue ihres Gemahls haben zu müssen. Doch als kluge Gattin machte sie ihm keinesfalls das Leben zur Hölle, sondern wandte eine typisch weibliche List an. Sie brachte ihren Mann dazu, seine Kurzsichtigkeit nicht länger durch ein Monokel auszugleichen, sondern sich für eine große und nicht sonderlich attraktive Hornbrille zu entscheiden, von der sie annahm, daß sie ihrem Mann des unwiderstehlichen Charmes seines Gesichtes berauben würde. Und siehe da, sie hatte recht. Fortan blieb der Hahnrei, der Monate lang geschäftliche Termine gehabt hatte, bei seiner lieben Frau daheim.

Da besagter Herr aber als Muster an Eleganz und gutem Geschmack galt, ahmten ihn viele junge Männer – auch solche, die bisher noch keine Brille benötigt hatten – nach und zeigten sich fortan im Schmuck der Hornbrille.

Es dauerte nicht allzu lange, bis diese Mode den Kanal überwunden und sich in Deutschland unter den Namen „Royal-Reitbrillen" oder „Jagdbrillen" ausgebreitet hatte. Ihre runden Gläser besaßen einen Durchmesser von 40-42 mm und ruhten in Fassungen aus schwarzem oder gelbem

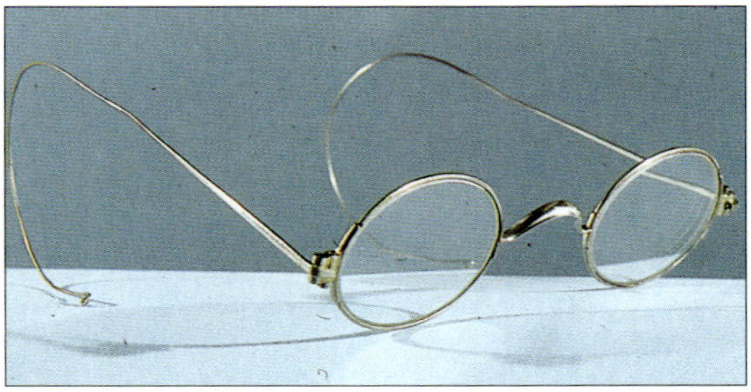

Nickelbrille mit Reitfedern und englischem Steg, um 1910. Kassenmodell der Zeit

Horn, Celluloid oder Schildpatt. In Verbindung mit dem halbrunden Steg, der sich in gleicher Höhe wie die äußeren Schließblöcke befand, die gleichzeitig das Scharnier für den Bügel darstellten, wurde aus der Brille ein als formal ausgewogen empfundenes Modell, das zunächst wenig Änderungen erfuhr.
Eine weitere Mode machte sich in jenen Jahren breit: Die Halbbrille. Sie bot den absoluten Vorteil, daß man beim Sehen in die Ferne leicht über den Rand hinwegblicken konnte. Sie wird deshalb ausschließlich für die Nähe benutzt, und das mit ungebrochenem Erfolg.
Die entscheidenden Schritte auf dem Weg zur modernen Brille lagen um 1910 im Bereich der optischen Perfektionierung der Glassorten und Schliffmethoden. Vielfach auf Errungenschaften des 19. Jahrhunderts beruhend, wurden Schliffe für bifokale Gläser nach unterschiedlichen Methoden entwickelt. Neu war auch das farblose Hygat-Glas, das eine Schutzwirkung gegen UV-Strahlung besaß. Am wichtigsten war für die allgemeine Brillenherstellung die Entwicklung des Punktal-Glases von Zeiss in Jena, das 1912 auf den Markt kam.

SCHUTZBRILLEN

Und noch eine anfänglich von Männern favorisierte Entwicklung veranlaßte die Brillenindustrie zu Inovationen. Die Motorisierung verlangte nach Schutzbrillen.
Bereits früh erkannte man, daß die Brille nicht nur als Sehhilfe, sondern auch als Schutz der Augen vor äußeren Einflüssen verwendet werden kann. Eine Fahrt im offenen Eisenbahnwaggon wurde erst durch eine Schutzbrille gegen Zugluft, Staub und den rußhaltigen Qualm der Lokomotive erträglich, die Mitte des 19. Jahrhunderts reißenden Absatz auf den Bahnhöfen fand, wo fliegende Händler solche Waren anboten. Zu Beginn des 20. Jahrhunderts bedeu-

ORTHOSKOPISCHE GLÄSER

Benoit, Berthier & Cie. entwickelten 1907 in Paris orthoskopische Gläser, die seit 1912 als Punktalgläser von Carl Zeiss in Jena als erste punktuell abbildende Brillengläser auf dem Markt vertrieben wurden. Es galt, die Randfelder eines Brillenglases zu korrigieren. Mentisken (=gebogene Brillengläser) waren schon 1645 von einem Pariser Optiker empfohlen worden. Erste wissenschaftliche Untersuchungen erfolgten erst um 1900. Auf Anregung des schwedischen Professors für Augenheilkunde Allvar Gullstrand (1862-1930) stellte Zeiss 1901 ein Glas mit schwacher Vergrößerung her, das ein Bildfeld mit guter Sehrschärfe geben sollte. 1908 wandte sich Professor Moritz von Rohr (1868-1940) der Lösung dieses Problems zu und studierte fünf Jahre lang die Geschichte des Brillenglases, bevor er neue Berechnungen für punktuell abbildende Brillengläser erstellte. Zeiss-Punktal-Gläser waren die ersten Gläser, dieser Art, die industriell in einer vollständigen Serie verschiedener Grundkurven für verschiedene Stärken hergestellt wurden.

Schleierbrille für Damen

tete die steigende Beliebtheit des Motorsports neue Absatzmärkte für ähnliche Schutzbrillen, da die meisten Automobile noch keine geschlossene Fahrgastzelle besaßen und der aufgewirbelte Staub der ungeteerten Straßen dem eleganten Vergnügen des Großbürgertums eine ungewollt naturnahe Komponente beisteuerte. Ähnlich erging es den Motorrad- und Fahrradfahrern, die sich um die Jahrhundertwende in Clubs organisierten und Fortbewegung nicht als Bedürfnis, sondern als Freizeitsport ansahen.

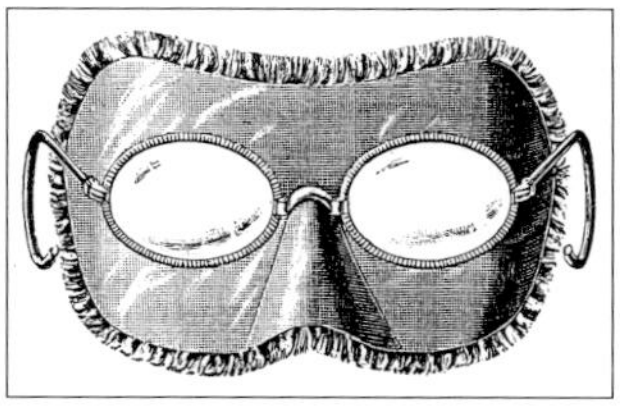

Maskenbrille aus Seide mit Fransenrand

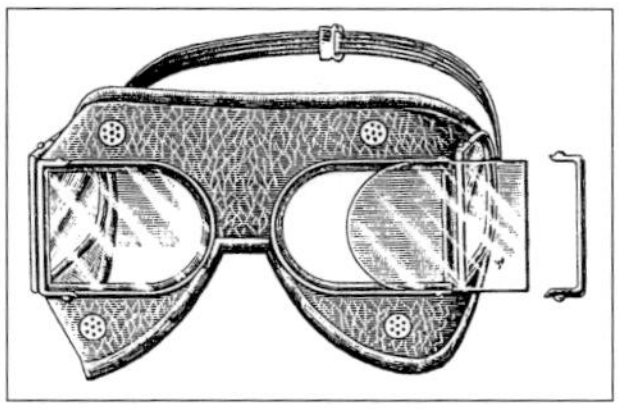

„Lunette à 4 verres", Frankreich um 1910

Schutz vor Mücken versprach den anfangs als Sommersport gepflegten Ausfahrten ein Sortiment von Schleierbrillen, das Herren und Damen am obligatorisch getragenen Hut befestigen konnten. Richtige Brillen, die auch vor Steinschlag schützen mußten, benötigte aber bald zumindest der Fahrer selbst, wollte er bei schnellerem Tempo allzeit einen klaren Blick behalten. Dazu dienten Brillen aus maskenförmig zugeschnittenem Leder mit Seidenfutter und Gläsern in vorstehenden Weißblechkapseln, die von Gummi- oder Lederbändern sowie gebogenen Bügeln gehalten wurden.
Da ein Großteil des Gesichts mit samt dem Nasenrücken abgedeckt wurde, wurde das Leder zur Steigerung des Tragekomforts teilweise perforiert. Für die Dame von Welt gab es das Modell in reiner Seide, wie auch der Schoßhund mit einer seidenen Maskenbrille bedacht wurde. Belüftungsmöglichkeiten der Glaskapseln gegen Beschlagen durch Kondenswasser erhielten auch die etwas kleineren, aber nicht weniger abenteuerlichen Autobrillen mit beziehungsreichen Namen wie „Mercedes" oder „Paris-Berlin", wobei letztere zur Seite verschiebbare Gläser besaß.
Ein Besatz aus Chenille, Samt oder Gummi sorgte für paßgerechten Sitz. Da diese Brillen einzelne Gläser besaßen, die direkt vor dem Auge lagen, konnten auch Korrektionsgläser oder gefärbte Gläser als Sonnenschutz eingesetzt werden.
„Lunette à 4 verres" lieferten sowohl französische wie deutsche Hersteller. Insgesamt vier einzelne, U-förmige Glasscheiben wurden übereck angeordnet, um auch den Blick zur Seite zu erleichtern.
Als Begleitprodukt der Industrialisierung entwickelte sich um die Jahrhundertwende eine fast unüberschaubare Zahl an Schutzbrillen, -masken und Hauben, die das Auge rundum abzuschirmen hatten und den Auto-, Radfahr- und Fliegerbrillen ähnelten. Ein Katalog der Fürther Spezialfirma Chr. Kraus & Co. um 1910 spiegelt die Bandbreite der Anwendungsgebiete: autogene Schweißung, Chemiker, Eisendreher, Steinhauer, Sägewerke, Berg- und Hüttenwerke, Schiffsheizer, Geschoß- und Gewehrfabriken sowie in der Porzellanher-

Die Autobrille für den Hund

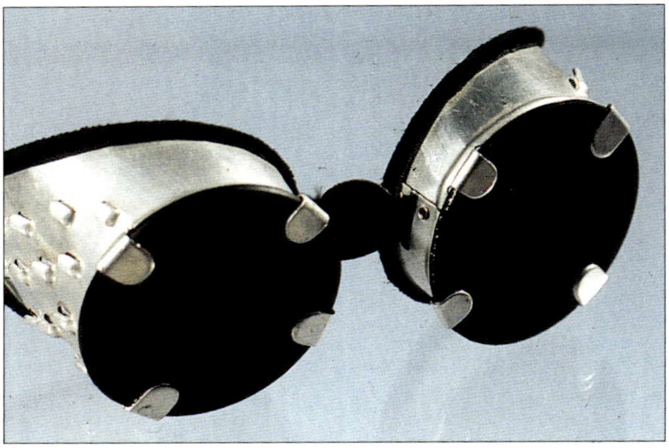

Arbeitsschutzbrille „System Stroof", um 1910, Aluminium, innen schwarz lackiert, Gummiband

stellung. Um Verletzungen durch abspringendes Steinpartikel oder Metallspäne zu verhindern, bestanden die der Augenform angepaßten Fassungen der Gläser nicht nur aus Leder, sondern auch aus feinem Drahtgeflecht und wurden unter der Bezeichnung Siebbrille geführt. Besondere Anforderungen erfüllten Schutzbrillen aus Messing mit fast unzerbrechlichen Drahtglasscheiben. Noch stabiler waren Modelle nach dem „System Stroof ", dessen runde, auswechselbare Gläser in Aluminiumkapseln saßen, die zwischen vier und vierzehn dachförmige Luftöffnungen oder Schlitze besaßen und mit Samt einfaßt waren, um durch ein Gummiband elastisch gehalten, eng am Kopf anzuliegen. Um eine Ablenkung des Lichtbogens bei Schweißarbeiten zu unterbinden, waren die Aluminiumkapseln innen schwarz mattiert. Bei jugendlichen Techno-Freaks von heute sind solche Exemplare gesuchte Accessoires.

In chemischen Betrieben wurden Schutzbrillen gegen Dämpfe, Rauch und Gase mit über Lufthähnchen aufblasbare Gummiwulste versehen. Bei Drahtschutzmasken finden sich auch die Vorläufer der heute gängigen Skibrille, die beide Augen mit einer Fläche, hier aus geflochtenem Draht, später aus Kunststoff überdeckt. Es mag fast modisch anmuten, daß das Metallgewebe in schwarz, blau, grün oder verzinnt angeboten wurde. Da das Blickfeld dieser durchgehenden Brille im Gegensatz zu den Fassungen mit zwei einzelnen Gläser größer ist, setzten sich Vollsichtbrillen mit Gläsern, die in der Mitte durch ein senkrechtes Scharnier miteinander beweglich verbunden waren, auch im Automobilsport durch und wurden unter dem beziehungsreichen Namen „Paris-Wien" in Anspielung auf das bekannte Autorennen zwischen den beiden Städten angeboten. Die geschlossene Fahrgastzelle setzte sich erst langsam durch, so daß noch 1915/16 die Frankfurter Firma Merz „Autobrillen" offerierte, die Augen vor Fahrtwind, Staub und unliebsamen Insekten schützen sollten. Die Firma Dunker in Rathenow trat 1920 den zugigen Folgen atemberaubender Geschwindigkeiten der Automobile mit „Reisebrillen" entgegen, einer auf- und niederklappbaren Zusatzbrille, deren Gläser mit dünner grüner Seide überzogen waren. Männlich elegant.

Die Damenwelt jedenfalls konnte sich mehrheitlich nicht für diese Art Brille begeistern.

Schutzbrille mit aufblasbaren Gummiwülsten, um 1910, Kraus & Co. Fürth

Autobrille „Paris-Vienne" mit beweglichem Scharnier, Frankreich um 1910

Drahtschutzbrille, Deutschland um 1910

Karikatur „Psychoanalyse" von Karl Arnold für den Simplicissimus, 1926

Eine Wende trat erst ein, als nach dem 1. Weltkrieg zu Beginn der 20er Jahre immer häufiger in den Modezeitschriften Beiträge über die amerikanische Brillenmode gebracht wurden. Anfangs war der Tenor eher neidvoll und spöttisch. Immerhin war es den Kollegen in der neuen Welt gelungen, die Damen von der modischen Legitimität der Brille zu überzeugen. „Man kann beinahe von einer amerikanischen Brillenmode bei den Frauen reden; die Brille gehört bei ihnen zur Kleidung, und vielleicht in Erkenntnis der Tatsache, daß die Frau keinesfalls auf die Brille verzichten kann und darf, hat sie ihre Kleidung und Frisur geändert." So zumindest sah es die Deutsche Optische Wochenschrift. Den deutschen Frauen gegenüber versuchte man die Brille auf rationalem Wege näher zu bringen. Die gleiche Zeitschrift schrieb 1926: „Eine Frau, die eine moderne Brille trägt, wird auf einen vernünftigen und gebildeten Mann einen weit günstigeren Eindruck machen, wie eine Frau, die aus Eitelkeit mit ihrer Fehlsichtigkeit sozusagen halb blind in der Welt herumirrt."

Ein alter Macho-Spruch hingegen besagte: „Mein letzter Wille, Frau mit Brille." Die amerikanische Schriftstellerin Dorothy Parker formulierte es etwas weniger gehässig: „Men don't make passes at girls who wear glasses." Auf deutsch: „Männer machen keine Mädchen mit Brillen an." Der Franzose faßt sich kurz: „Bonjour lunettes, adieu filettes." In älteren Untersuchungen wurden Brillenträgerinnen sowohl von Männern als auch von ihren Geschlechtsgenossinnen als unsympathisch charakterisiert. Den Männern hingegen brachte die Brille keine größeren Sympathieverluste. Was kann ein männlich markantes Gesicht auch noch entstellen? Bei den Frauen ging indessen angeblich der „weibliche Glanz" des Blickes durch die Brille verloren. Da es praktisch keinen geschlechtsspezifischen Unterschied zwischen den Modellen gab, urteilte die Satire pauschal über die Brillenträger im allgemeinen. Die so Diskriminierten mieden verständlicherweise die heimische Brillenproduktion, die so wenig schick wie die Werbung geschickt war. Daß damit der deutsche Markt für die US-Produktion offen war, ist also keine Frage. So mußten denn die deutschen Firmen mitansehen, wie die amerikanische Konkurrenz den Markt mit bunten und hochelastischen Brillengestellen aus Celluloid überflutete. Zellhorn, wie es auch genannt wurde, galt damals neben Horn und Schildpatt als ausgesprochen elegant. Immerhin war es der erste in allen Farben und Materialimitationen herstellbare Kunststoff, der sich exakt verarbeiten ließ und so leicht war, daß man endlich bequem sitzende Brillenfassungen auf den Markt bringen konnte. Das klassische Beispiel für die 20er Jahre ist die Pex-Brille, wie sie auch der amerikanische Komiker Harold Lloyd trug. Die dunklen, aus Celluloid hergestellten Rahmen der Gläser wurden durch Klammern mit dem metallenen Nasensteg und den seitlichen Bügeln verbunden. Allerdings erwies sich dieses Prinzip als ziemlich instabil. So wurde die Pex-Brille bald von der Windsor-Brille abgelöst, deren erst dunkle und später durchsichtige Fassung aus Celluloid einen durchgehenden Metallrahmen einschloß. Die Form der Hindenburg-Brille wurde als vaterländisch bezeichnet, ein Nationalstolz, der zunächst noch nichts mit dem braunen Überzug aus Kunststoff zu tun hatte. Ihre Besonderheit lag im gleichnamigen Reformbügel, der durch ein Gewinde verlängert, respektive verkürzt werden konnte und somit eine individuelle Anpassung ermöglichte. Der Druck hinter dem Ohr be-

Die Hindenburg-Brille, Ende 20er Jahre, Menrad

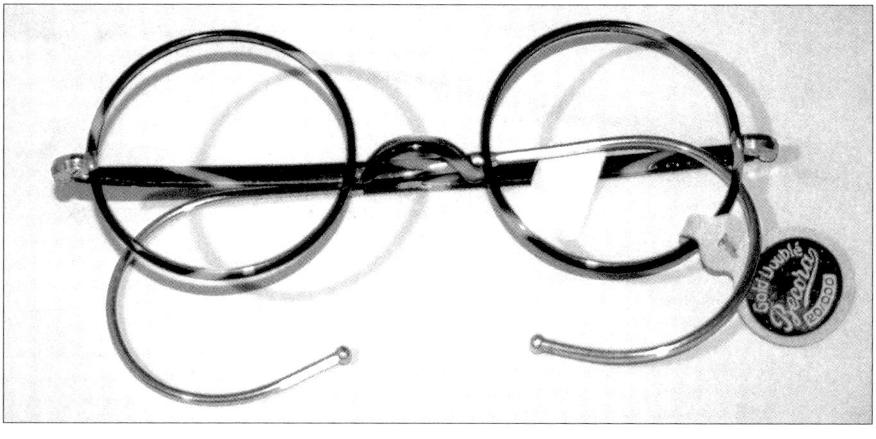

Windsor-Brille, 1927, Golddoublé mit Celluloidüberzug, Becora

Herrenbrille, um 1924, Kunststoff

ziehungsweise auf der Nasenwurzel durch zu kurze Bügel war dadurch vermeidbar. Als Alternative wurden Brillen angeboten, die ganz aus Celluloid gefertigt waren und neben breiten Stegen massiv wirkende Augenränder sowie lange, am Hinterkopf endende Hakenbügel hatten. So bemüht auffällig wie die Fassungen, die sich im Grunde doch sehr ähnlich waren, waren auch die Namen: Diplomatenbrille, Philosophenbrille und Ratsherrenbrille. Und noch eine amerikanische Entwicklung machte zu jener Zeit dem deutschen Fachhandel zu schaffen: 1926 eröffnete die Kaufhauskette Woolworth die ersten Filialen in Deutschland – und was hatten sie in ihrem Sortiment? Kostengünstige Fertigbrillen. Was also blieb der heimischen Industrie anderes übrig, als die Herausforderung anzunehmen und eine eigene Celluloidbrille anzubieten. Was dabei heraus kam, war: „Die elegant aussehende, sehr kleidsame WK-Gesellschaftsbrille, wasserhelles Zelluloid, mit leichter schwarzer Kaschierung." Deutschlands Frauen wasserhell. Aber immerhin, das Modell paßte rein modisch gesehen zu allem und hielt sich beharrlich. Ein Autor der DOW war jedoch anderer Meinung. Seine Vorstellungen gingen mehr in Richtung Glasbrille, einer randlosen Brille, die zu Beginn des 19. Jahrhunderts in Wien erfunden worden war. Seine Argumentation: „Die Mode der Zelluloidbrille dauert schon viel zu lange, man denke nur an die in den letzten Jahren ständig wechselnden Herren- und Damenmoden in der Bekleidungsbranche." Im übrigen galt das Celluloidgestell als feuergefährlich. „Die Brille als optisches Präzisionsinstrument ist doch eine viel zu ernste Angelegenheit, als daß man sie durch solche Mätzchen gleich Ohrringen und Armbändern zu Modeartikeln macht." Des Fachmanns Ärgernis bestand in einer extravaganten Idee eines amerikanischen Herstellers, farbige Fassungen der runden Gläser in Form von Herzen für Verliebte, Kleeblätter für Naturverbundene oder für Kartenspieler als Pik-As anzubieten.

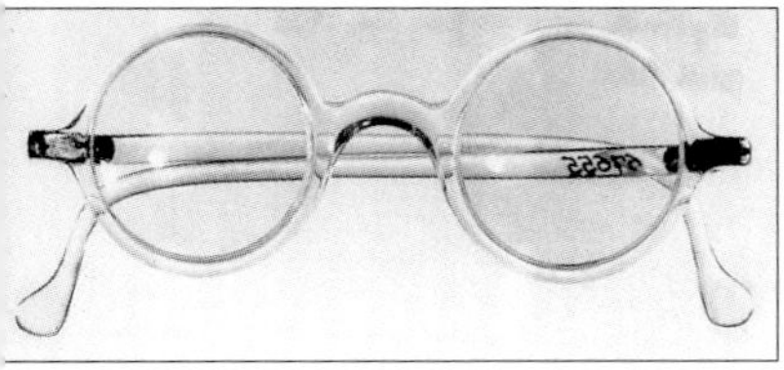

Bügelbrille, um 1935, Plexiglas

GETRÜBTE VOLLSICHT

Um 1930 wandte man das Interesse dem alten Problem zu, wie die Fassung auf der Nase zu sitzen kam, das durch eine Übernahme aus Amerika befriedigend gelöst werden konnte. Die Seitenstegbrille erlaubte nun, daß die Fassung nicht mehr auf der Nasenwurzel direkt aufsaß, sondern von zwei beweglich montierten Nasenstegen abgefedert wurde, die vom Pince-nez eigentlich schon vorbereitet worden waren. Bei Glasbrillen, die stets als die unauffälligste Façon galt, setzte man das Prinzip in Verbindung mit oktogonalen oder oben ge-

kantet und unten gerundeten Gläsern ein, die allein durch Schraubverbindungen mit Nasenbrücke und Seitenbügeln verbunden waren.
Schon 1931 wurden in den Vereinigten Staaten die sogenannten Full-Vue Brillen vorgestellt, deren Bügel nicht mehr in der Mitte der runden Fassung, sondern etwas nach oben verschoben ansetzte. 1932 brachte die Firma Carl Zeiss Jena die bis heute legendäre Perivist-Brille auf den Markt. Sie gab dank ihrer hoch angesetzten, elastisch angepaßten Seitenbügel den Blick zur Seite uneingeschränkt frei und wurde deshalb auch „Vollsichtbrille" genannt. Auch die Gläser zeigten durch den flachen Verlauf des oberen Randes eine neue Gestalt, die in Abstimmung zur Fassung als pantoskopisch bezeichnet wurde und bis heute gültig ist.
Der oben abgeflachte Rand galt als Fortschritt, da die Augenbrauen des Trägers nun nicht mehr anstießen, „was sowohl für den Gesichtsausdruck günstig, wie auch für die Klarerhaltung der Gläser vorteilhaft ist" (Werbung von Optik Meester, Berlin 1932). In den entsprechenden Anzeigen wird die Zeiss-Perivist mit Slogans wie: „Vornehm wie ein Lord: ganz gold" oder „Etwas piekfeines" oder „Die Zeiss-Zellhornbrille, fast unverwüstlich und doch leicht und bequem" als Brille der vornehmen Welt gefeiert. Besonders der letzte Slogan erwies sich als ausgesprochen weitsichtig.
Immerhin war Zeiss damit ein großer Wurf gelungen, denn die Perivist-Brille erfreute sich über lange Zeit einer ausgesprochenen Beliebtheit.
Alle Errungenschaften dieser Jahre wurde auch für die bereits bekannte Windsor-Brille verwendet. Die Reform des Brillenbügels war weniger spektakulär, trug aber in steigendem Maß zur Bequemlichkeit bei. Selbst Mitte der 30er Jahre war der Damenbügel aktuell und wurde nur am Ende

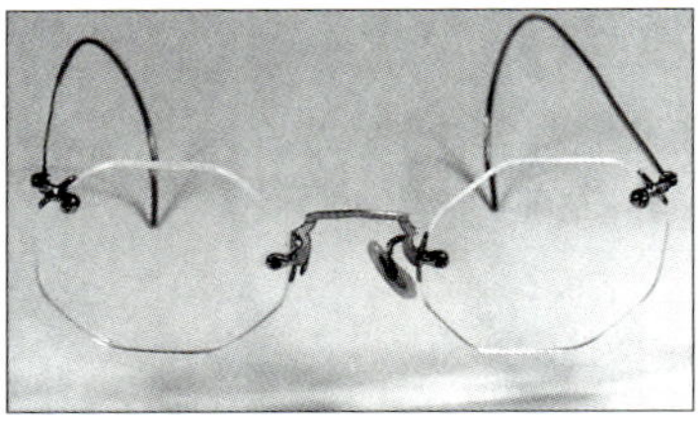

Herrenbrille, Amerika um 1935, achteckige Gläser, Schraubfassung aus graviertem Doublé

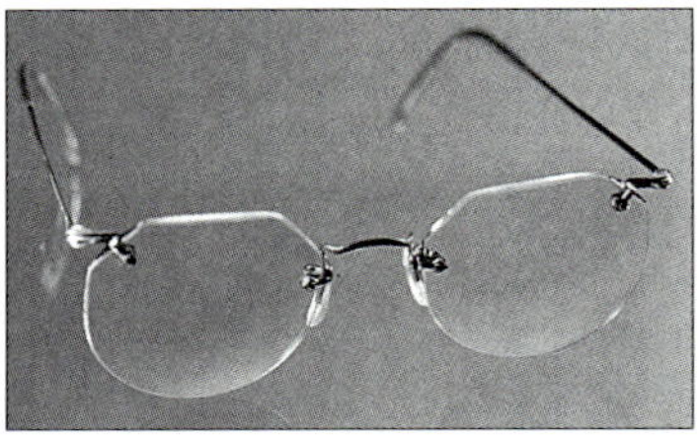

Randlose Brille, 30er Jahre, sog. Vierlochbohrung, Brücke und Bügel aus ziseliertem Metall

links: Celluloidbrille, um 1930; rechts: Perivistbrille, um 1935

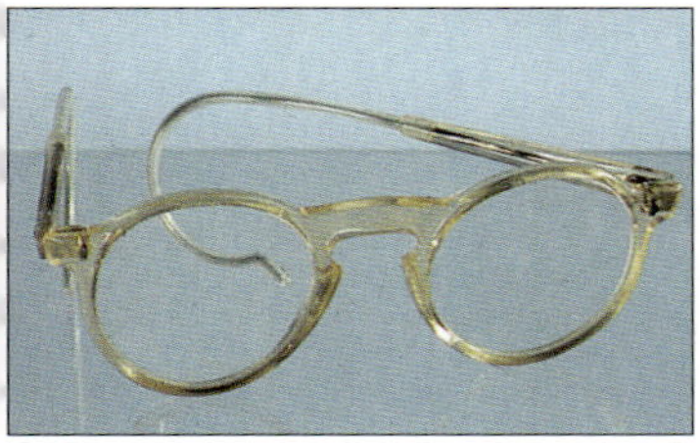

Herrenbrille, 30er Jahre, farbloses Celluloid

Damenbrille, um 1940, braunmeliertes Cellulose-Acetat, Optische Industrie Rathenow

Sog. Windsorbrille, 30er Jahre, Metallfassung, mit Celluloidüberzug

„Dienstbrille" der Wehrmacht, ab 1938, Hartnickel, Backen mit geflochtenem Ende

mit Celluloid überzogen. Als Imperial-Bügel galt die Kombination aus einem Metallbügel mit weichgesponnenem Rundende, der an den Schläfenpartien mit Celluloid überzogen wurde und dadurch Wundreiben ausschloß. Bügel aus Horn, Celluloid oder Schildpatt erhielten eine Metalleinlage, die den Vorzug besaß, daß sie in kaltem Zustand auch vom Laien der Kopfform angepaßt werden konnte. Der Diploda-Bügel war kürzer und besaß ein breites, nach unten gekantetes Bügelende, das besonders im Sport festen und angenehmen Sitz versprach.

NOT UND ELEND

Mit Ausbruch des Zweiten Weltkriegs wurde die Entwicklung neuer Brillenformen unterbrochen. Zu der Dienstbrille der Wehrmacht avancierte eine Hartnickelbrille mit Gespinstbügeln, die man – wären die Umstände ihrer Entstehung nicht bekannt – in die Zeit um 1910 datieren würde. Der Offiziercorps hob sich durch eine reduzierte Variante der Windsor-Brille auch nicht eben vom braunen Fußvolk ab. Die Deutschen, insbesondere die Soldaten, benötigten bald weniger spektakuläre Sehhilfen. Die Gasmaskenbrille, die bereits im 1. Weltkrieg entwickelt worden war, lag eng am Kopf an und wurde durch Gummibänder, die um die Ohren gelegt wurden, festgehalten, wodurch man wenigstens die Brille beim Sprung in den Schützengraben nicht verlieren konnte.

Auch in der Schweiz waren Gasmasken ein Thema: Ein Schweizer Modejournal drückte sich in Sachen Chic 1939 eidgenössisch neutral aus: „Die Mode hat sich den Zeiten angepaßt: einfach, warm, praktisch; das sind die Worte, die Bezeichnungen wie luxuriös, kostbar, pikant etc. abgelöst haben. Der „abri", der Luftschutzkeller, spielt eine überragende Rolle, und die großen Modehäuser lassen ihre Erfindungsgabe um Gasmasken-

Etuis und schützende Hüllen kreisen." Stoffrationierungen und die erwähnte Notwendigkeit, sich praktisch und einfach zu kleiden, unterbrachen jede modische Entwicklung. Zwar forderte ein Beitrag in der DOW 1940 die Optiker noch einmal auf, ihre Schaufenster unter dem Motto: „Mit schöner Brille ein schöneres Gesicht", die weibliche Kundschaft für eine Brille zu begeistern, aber der Erfolg war nur von kurzer Dauer. Sowohl existentielle als auch substantielle Probleme lenkten das Augenmerk auf Wesentlicheres.

Entsprechend fiel denn auch das Brillenstyling aus. Statt Mode waren plötzlich vaterländische Sehhilfen angesagt. Schlichtes Design vom Amt für Schönheit der Arbeit für genehm befunden und Einheitsbraun erlaubten Sehschwachen lediglich den eingeschränkten Blick in den „Völkischen Beobachter". Später gab es für die Zivilisten allemal noch Leukoplast, um die Scherben zusammenzuhalten.

Apropos Scherben, nachdem der Spuk endlich vorüber war, war es für viele Menschen sicher nicht das schlechteste, keine richtige Brille mehr zu haben, immerhin blieb ihnen so der Anblick der Scherben und der Trümmer zwar nicht erspart, aber auch etwas unschärfer reichte noch.

Brille eines Kriegsgefangenen im 2. Weltkrieg, Bremer Landesmuseum

Die Zeit zwischen 1945 und 1950 war in Deutschland durch den politischen und wirtschaftlichen Ruin geprägt. Zwar gehörte die Modeindustrie mit zu den wenigen Erwerbszweigen, die am raschesten wieder Zuversicht gewannen, denn trotz der Notzeit war ein starkes Interesse für Mode vorhanden. In der Realität hieß das Motto indessen noch lange: „Neu aus Alt für groß und klein, spart dir viele Punkte ein." Mit den Punkten waren die Bezugsscheine gemeint. Alte Militärmäntel, Fallschirmseide, Lazarettbettwäsche und Wolldecken wurden zum Nötigsten umgewandelt – wer dachte da noch an neue Brillenformen, zumal es auch solche gab, die das Alte für gar nicht so schlecht befanden.

Die ersten, Anfang 1946 in Deutschland produzierten Brillen reichten bei weitem nicht zur Versorgung des Bedarfs und wurden nur in kleinen Stückzahlen mehr oder weniger handwerklich hergestellt. Dabei handelte es sich um „unauffällige Glasbrillen" mit oktogonalen Gläsern, stabile Metallrandbrillen mit pantoskopischen Gläsern,

Gasmaskenbrille aus dem 1. Weltkrieg, ab 1915, feldgrau lackierter Stahl, kurze V-förmige Stangen für Stoffband

Halbrandbrille, 1949, VEB Zeiss, Jena

oder – als moderate Neuheit – die Schwebebalkenbrille mit Metallträger, deren Gläser nur oben gefaßt waren. Von der Idee her gleich, gab es auch Halbrandbrillen aus Celluloid, die ein geringeres Gewicht besaßen.

Die Windsor-Brille hielt sich ebenso wie die Celluloidfassung, deren transparentes Material dezent blaßrosa oder tabakfarben belassen, machmal auch auf der Vorderseite dunkel kaschiert wurde. Das war keine Überraschung, denn überwiegend mußte die Produktion mit Maschinen aus der Zeit der dem Krieg erfolgen. Die Devise hieß Zweckmäßigkeit auf der ganzen Linie. Gefragt war Schutz vor Wind und Wetter, denn wer in Trümmern, in Erdlöchern und behelfsmäßig hergerichteten Wohnungen leben muß, hat keine Zeit und auch keinen Sinn für modische Spielereien. Es gab Wichtigeres in diesen schweren Zeiten des Hungers und des Elends. Gleichwohl erschien wie zum Trotz bereits im Oktober 1945 das erste Nachkriegs-Modejournal, „Berlins Modeblatt". Die Qualität entsprach natürlich notgedrungen der zeitgemäßen Bescheidenheit, aber immerhin – ein Anfang war gemacht. Zwei Jahre später waren es schon 30 Zeitschriftentitel für Frauen und Mode. Die erste Modenschau fand 1946 in München statt. Nach dem 20. Juni 1948, dem „Tag X", an dem in den drei Westzonen von der Reichsmark auf die heutige DM umgestellt worden war, ging es wirtschaftlich für jedermann sichtbar wieder bergauf. Endlich erschienen die ersten modernen Kleider in den Geschäften. Allerdings mußten sie sowohl fürs Büro, für den Tee am Nachmittag als auch für den Abend passend sein. Aber schließlich war man ja das Improvisieren gewöhnt und so ließ sich jedes Kleid mit ein paar kleinen Tricks abwandeln.

Herrenbrille, um 1950, Celluloid mit Spitzbogenbrücke und unbeweglichen Stegen, Marwitz & Hauser

All diese Bemühungen änderten jedoch nichts daran, daß sich noch die Möglichkeiten der meisten Brillenträger zu Beginn der 50er Jahre, ihren Blick in eine bessere Zukunft zu richten, auf knapp gefaßte Brillen beschränkten. Dann ging es bergauf, die Pubertät der Republik setzte neue Maßstäbe. „Modernität" war das Wort der Stunde – in der Mode der „New Look". Und der kam aus Übersee.

Herrenbrille, um 1950, farbloser Kunststoff, Front braun eingefärbt

BRILLENDESIGN

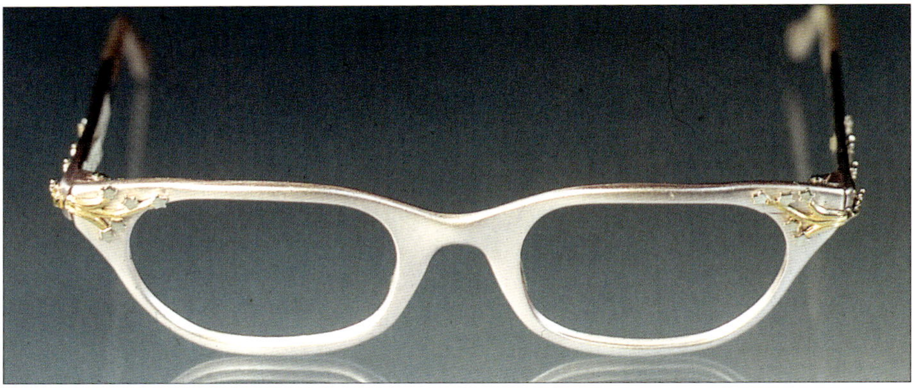

Damenbrille „2015", Amerika um 1950/55, rosa eloxiertes Aluminium mit gold-silbernen Zieraufsätzen, Tura Inc.

PLASTIK ÜBER ALLES

Ausländische Erzeugnisse sah der deutsche Konsument zunächst nur in der Zeitung, die damals hauptsächlich in schwarzweiß gedruckt wurde. Selbst die farbenprächtigste Schilderung der „türkisgrünen Verzierung" oder von Bügeln „aus silbergeränderten Blättern" mußte angesichts der fernen Originale zum bloßen Nachrichtentext verblassen. Frankreich und Amerika, deren Mode sich durch gegenseitige Im- bzw. Exporte beeinflußte, entwickelten in der Herstellung, Färbung und Verarbeitung von Kunststoffen solche Fähigkeiten, daß für Form und Aussehen einer Brille keine Grenzen zu existieren schienen. Perlmutt, Rosa, Hellblau, Orange, Lindgrün oder Gelb machten selbst aus moderaten Modellen aufregende Neuerscheinungen, die von ungewöhnlichen Fassungen begleitet wurden und aus den Bonbon-Brillen begehrte Sammlerobjekte machen. Beliebt war die Kunststoffärbung „Goldwasser"-Ton, während Metallgestelle konträr in Pastelltönen gefärbt wurden, allerdings aus Aluminium bestanden. Aus der Feststellung heraus, daß man die symmetrische Form des Glases ohne Verlust der optischen Korrektionsfähigkeit aufgeben könnte, entstand binnen kürzester Zeit die schräg nach oben gestellte Tropfenform, deren Rahmen zur „Schmetterlingsbrille" wurde. Die weich geschwungene weibliche Linienführung mit den meist schmalen, nach oben spitzwinklig schwingenden Seiten hatte etwas Maskenhaftes an sich. Ausgefräste Brauenbogen betonten den natürlichen Verlauf der Brauen ebenso, wie die entste-

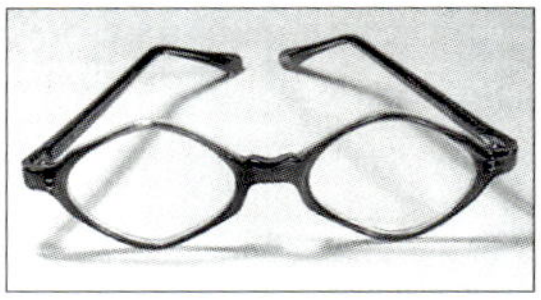

Damenbrille, Amerika, 50er Jahre, Gläser in Rautenform, Fassung aus orangefarbenem Kunststoff, Comet USA

Damenbrille, Frankreich, 50er Jahre, rosa geflammter Kunststoff, TWOC France

Damenbrille, Frankreich, Mitte 50er Jahre, opakbrauner Kunststoff mit Straßsteinen besetzt, Steckbügel

Damenbrille, Italien Mitte 50er Jahre, brauner Kunststoff mit Perlglanzfolie kaschiert und Straßsteinen, Greta Frame Italy

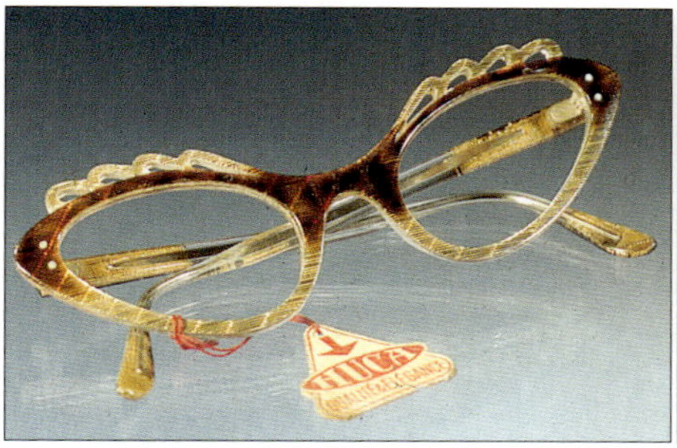

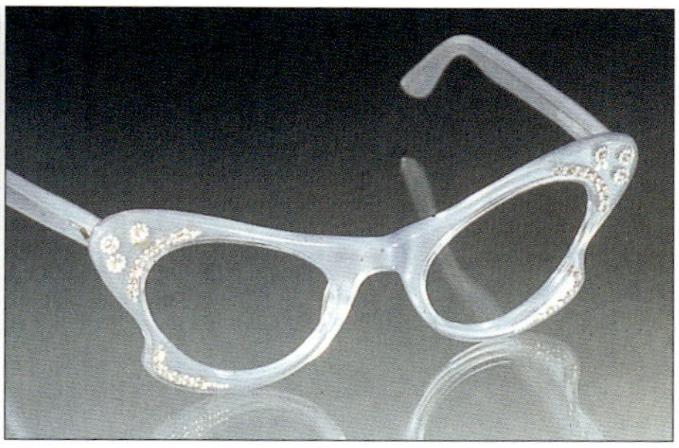

Damenbrille, Frankreich um 1940/50, farbloses Acetat mit Metallfolieneinlage und gefärbter Kaschierung, Huca, France

Damenbrille, Frankreich 50er Jahre, hellblaues Acetat mit Perlglanzfolie und Straßsteinen

henden Zwickel zur Aufnahme von Straßsteinen völlig neue Akzente setzten.
Goldene Kleeblätter und edelsteinbesetzte Hufeisen wurden zum aparten Blickfang, der asymmetrisch oder etwas reduzierter als Ziemiete zu beiden Seiten der Fassung auftauchte. Je raffinierter einseitig getragene Blütenaufstecker aus grünen und weißen Straßsteinen wurden, desto einfacher sollte der Schnitt des dazu gewählten Abendkleides sein. Zu den bekanntesten Vertretern dieser internationalen Brillenmode gehörte der Stuttgarter Optiker Thilo Schneider, der auch als „Dior der Brillenmode" betitelt wurde, obwohl er seine Modelle nicht selbst entwarf, sondern aus dem benachbarten Ausland bezog. Trotzdem ist es ihm zu verdanken, daß in gewissem Maß ein Anschluß an die Welt der Mode auch in Deutschland nicht verloren ging, obwohl drei verschiedene Tageszeiten – Cocktail und Abendrobe inklusive – hier noch nicht bedeuteten, daß man drei entsprechende Brillen besaß.
Die Brille galt nach wie vor als notwendiges Übel und nur eine Minderheit konnte sich tatsächlich schon damals die Brillen leisten, die heute noch in der verklärten Erinnerung das Bild der 50er Jahre prägen: Straßbesetzte Schmetterlingsbrillen, extreme Formen wie Teufels- oder Engelsbrillen und Jalousiebrillen.
Dazu schrieb 1950 die „Neue Illustrierte" in einer Ausgabe: „Immer mehr setzt sich die einst ängstlich gemiedene Brille als reizvolles modisches Attribut durch. Die Brillenmodelle dieses Sommers übertreffen alles bisher dagewesene an Phantasie und Schmuck." Der Appell wurde zwar verstanden, doch das Wirtschaftswunder war eben doch für viele ein Wunder, das noch nicht in Erfüllung gegangen war. Und bevor es soweit war, waren die lebenssprühenden Modelle bereits von allein etwas moderater geworden.

EMPFEHLUNGEN

von Thilo Schneider, Stuttgart, 1954

HAARFARBE GRAU:
metallische, blaue und grüne Brillen

RÖTLICH-BRAUNES HAAR:
rötlich-braune Brille mit Goldverzierungen

SCHWARZES HAAR:
jede Farbe möglich, nur farblose Brillen wirken in jedem Fall uninteressant

BLONDES HAAR:
rubinfarbene Brillen

DEUTSCHLAND IN DEN 50ER JAHREN

1952 erschien der erste richtige Rodenstock-Katalog „nach vielen schweren Jahren", der vorausschauend bereits als Heftordner angelegt war, um Modelle der Zukunft einordnen zu können, ohne auf Vertrautes verzichten zu müssen. Nach wie vor bestand der größte Teil der damaligen Produktion aus 4 mm starkem Celluloidmaterial in blaßrosa und tabakfarbig und besaß Bügel mit Metalleinlagen. Neben namenlosen Hartnickel-Seitensteg-Fassungen und der geschlechtsneutralen „Konsumbrille 6121" fanden sich erstmals durch die Bezeichnung deutlich gekennzeichnete Modelle für Damen („Norma 6111", „Regina 6114", „Elfa 6116" oder „Donna „6120" – letztere rötlich gefleckt) und Herren („Senator 6115" aus 6 mm starkem Material). Unisex waren die sogenannten Kombifassungen „für jeden Zweck", die aus einem Metallgestell bestanden, dessen Augenbrauenlinie und teilweise auch Bügel mit dickem, dunklem Celluloid versehen waren. Bei den wasserhellen Celluloidfassungen übernahm eine farbige Kaschierung die Betonung dieser Gesichtspartie, während für den Herren eine durchgehende Einfärbung markante Akzente rundum setzte. Um den Absatz anzukurbeln und den potentiellen Kunden die Entscheidung zugunsten zeitgemäßer Brillen abzuringen, begann die weitsichtige „Fördergemeinschaft der Deutschen Augenoptik" – seit 1976 „Kuratorium Gutes Sehen" – bereits Ende der

Werbung für Damenbrille „Regina 6114", 1952-61, Rodenstock

40er Jahre seine Überzeugungsarbeit mit dem Slogan: „Besser sehen – besser aussehen". In ganzseitigen Anzeigen mit diesem Versprechen und auch ansonsten viel Text und der Versicherung: „Wer eine Brille braucht, dem steht sie auch" und der Aufforderung: „Überfordern Sie Ihre Sehkraft keinen Tag länger! Lassen Sie die Vernunft siegen – Ihren Augen und Ihrem Aussehen zuliebe" wurde Mitte der 50er Jahre beispielsweise kurzsichtigen Männern nahegelegt, ihre Augen nicht länger zusammenzukneifen. Denn dadurch „ ...haben (Sie) einen angestrengten, harten Gesichtsausdruck, eine schlechte Haltung und ein noch

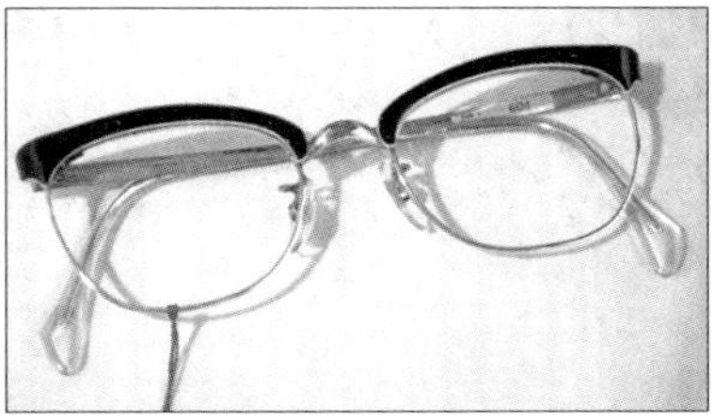

Von links nach rechts:

Damenbrille „Blancora", 1950, Metzler

Damenbrille, Anfa[ng] der 50er Jahre, Metallträger mit r[...] perlmuttschimme[r] der Kaschierung aus Celluloid, Halbränder, Rodenstock

Herrenbrille „Lord" 1953-61, braunge[...] streifte Kaschierun[g] auf farblosem Cel[lu]loid, Rodenstock

Randlose Damenbrille „Nylor 057", 1955, Silor

schlechteres Gewissen den Augen gegenüber." Unterstrichen wurde das ganze durch ein entsprechendes Photo von zwei Männern. Der eine nach vorne gebeugt, mit zusammengekniffenen Augen und der beschriebenen harten Miene – wegen des schlechten Gewissens und der schlechten Haltung – und der andere strahlend mit Brille. Text: „Ist Ihnen auch schon aufgefallen: Wenn ein Freund oder ein Bekannter seine Brille absetzt, so sieht er sofort fremd aus, weniger vorteilhaft. Die Brille gibt dem Träger oft erst das Typische, das man sich nicht mehr wegdenken möchte!" Fast zehn Jahre lang erschienen diese Anzeigen regelmäßig in Publikums- und Optiker-Zeitschriften. Wenn eine technische Neuerung in die Optikerläden Einzug hielt, ließ sich wohl auch der weniger modebewußte Kunde zum Kauf verleiten. Als 1955 die erste Nylor-Brille von Essilor beworben wurde, war sie für damalige Zeiten ein Minimum-Design. Nur ein Nylonbett und -faden – bereits selbst als Material der Massenproduktion ein Kind der Gegenwart – hielt das Glas rundum, das unter einem Metallträger zu schweben schien. Jede gewünschte Glasform war dadurch möglich. Andere Hersteller, wie Rodenstock mit „Cellinette" (1959), übernahmen das Prinzip und nutzen es bis heute.

Wie schon einmal in den 30er Jahren unterschied in der Mitte des Jahrzehnts auch das Durchschnittsbürgertum wieder das Tageskleid vom Nachmittagskleid, das Dinerkleid vom Theaterkleid und das Cocktailkleid vom Abendkleid. Mode, Stil, Eleganz – diese vorübergehend verlorengegangenen Begriffe – hatten ihre Wertigkeit wiedergewonnen – als Statussymbole, als Verdrängungsmechanismen und als Neubeginn nach den Jahren der Not. Dieser Tendenz folgten natürlich die Accessoires und

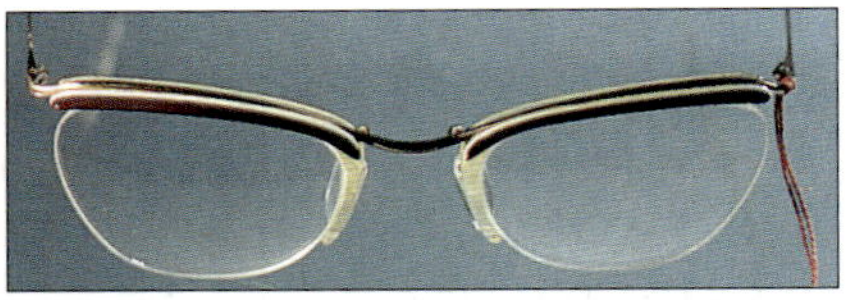

Damenbrille „Cellinette“, 1959-62, Kombifassung mit rotbraun-weißen Celluloidaufsätzen, Nylonfaden als Glashalterung, Rodenstock

Damenbrille, 50er Jahre, Metallträger mit ro weiß kaschierten Celluloidaufsätzen und Ziernieten

links: Werbung für Damenbrille „Cora 6131“, 1956-61, Rodenstock

mit ihnen die Brille. Jede Gelegenheit erforderte nicht nur das entsprechende Kleid, sondern ebenfalls die passende Brille.

Das Wirtschaftswunder verlangte nach Symbolen und deshalb auch von der Brillenindustrie eine grundlegende Erweiterung des Angebots und einen schnelleren Modellwechsel, um ständig neue Kaufanreize zu schaffen. Obwohl die runden und pantoskopischen Fassungen aus Metall oder celluloidumlegtem Metall wieder Fuß fassen konnten, bevorzugte vor allem die deutsche Frau die farbigen Modelle aus Celluloid oder anderen Kunststoffen mit größeren Scheibendurchmessern sowie breiteren verzierten Rändern und Bügeln. Ein wichtiges Thmea wurden Verzierungen aus Golddoublé, die für verschiedene Modelle passend jeder Façon eine individuelle Note verleihen konnten.

Mitte der 50er Jahre findet man die ersten Emanzipationssignale der Frau in Anzeigen der Firma Zeiss. Daß die Frau auch ihren „Mann“ stehen kann beweist folgende Anzeige: Ernst blickt uns eine junge Frau entgegen, natürlich mit Brille. In der einen Hand hält sie einen Zirkel. Zeichendreieck und technische Zeichnung deuten darauf hin, daß sie einen technischen Beruf ausübt, was in damaliger Zeit eigentlich noch den Männern vorbehalten war. Der entsprechende Fließtext versichert uns: „Jeder Beruf erfordert heute den ganzen Menschen. Fast immer sind es dabei die Augen, denen die wichtigste Aufgabe zufällt. Denn sie sind Kontrollorgan für alles, was Geist und Hände schaffen. Gut sehen ist darum ein Faktor des Erfolgs. Brillen, das weiß jeder, helfen besser sehen.“ Der Frau im Beruf wurde eine Kunststoffbrille mit Eloxal-Bügeln empfohlen. Ebenfalls aus dieser Zeit stammt eine andere Anzeige, die man nicht auslassen sollte. Eine selbstverständlich bebrillte, junge Frau, diesmal jedoch freundlich lächelnd reicht einem Eisenbahnschaffner, natürlich auch mit Brille, ihre Fahrkarte. „Wer reist will sehen und erleben. Frauen wollen, wenn sie reisen, schön sein, besonders schön sein. Sie sind darauf gekommen, daß gut sehen und gut aussehen gleich wichtig ist und beides sich zum Einklang fügt, wenn sie ihre Brillensorgen dem richtigen Augenoptiker anvertrauen. Der Augenoptiker muß ein Künstler sein, der für ihr Gesicht die schönste Brille findet, die wie edler Schmuck aussieht.“

In einem Beitrag in der „Brigitte“ von 1958 wird diese Theorie nur unterstrichen:

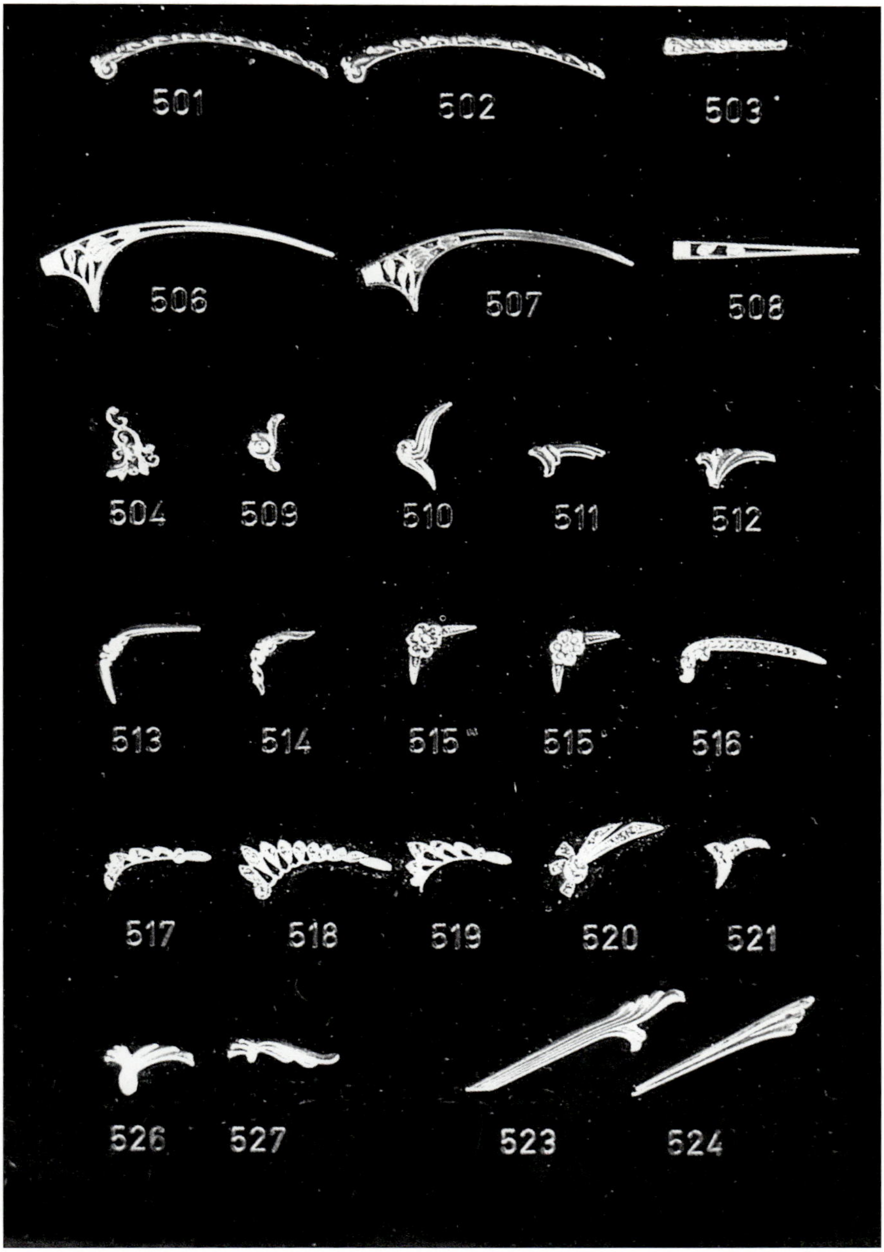

Palette mit Schmuckteilen, 50er Jahre, gold- und silberfarben, Rodenstock

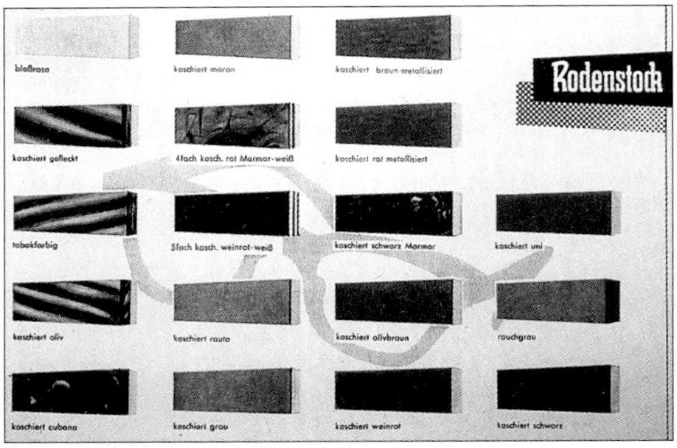

Farbmuster für Kaschierungen, Ende 50er Jahre, Rodenstock

„Ärgern Sie sich nicht, wenn Sie eine Brille tragen müssen. Die modernen Brillen sind so flott, daß man sich verlieben möchte. Kaufen Sie sich, wenn Sie es sich leisten können, Ihre Brillen wie die Hüte – zu Ihren verschiedenen Garderoben passend."

Eine gesteigerte Bandbreite an Farben entwickelten deutsche Hersteller besonders im Bereich des Kaschierungsmaterials, das nicht nur uni, mit Perlglanzfolie unterlegt, sondern auch streifig oder gefleckt sein konnte. Die Unterschiede der einzelnen Modelle wurden feiner und erfordern heute einen genauen Blick bei der Einordnung. „Dinorah", „Corellux" oder „Elfa", die 1958 eingeführt wurden, vertreten die gestalterischen Möglichkeiten der Kaschierung des geschwungenen Brauenbogens in einer schmalen Bandbreite. Bei Männern war der Kult vom entsprechenden Outfit für die „passende Gelegenheit" zwar nicht so ausgeprägt, doch die Brille sollte auch beim Mann von Welt das Image unterstreichen. Bevorzugt wurde neben der kompakten Celluloidbrille die Kombifassung, die durch eine kräftigere Betonung der Brauenlinie nun nicht in der Konstruktion, aber in der optischen Erscheinung deutlich als Herrenmodell definiert wurde. Das bekanntlich konservative Konsumverhalten der Männer wurde durch Gegenüberstellung von Fotos ein und derselben Person mit einem Windsor-Modell und einer Kombifassung angeregt: „Welche Brille steht ihm besser? Sehen Sie den Unterschied? Zweimal dasselbe Gesicht – und doch wie verändert. Mancher kann sich jahrelang nicht von seiner Brille trennen, obwohl sie längst altmodisch ist. Wie sie dem äußeren Eindruck schadet!" Aus medizinischer Sicht wurde

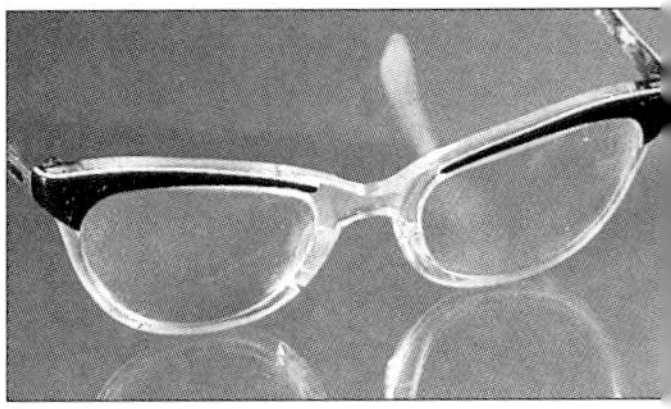

Damenbrille „Corellux", 1958, Celluloid mit roter Kaschierung und Ziernieten, Eloxalbügel, Rodenstock

FORMEMPFEHLUNGEN VON 1957

- Wählen Sie keine allzu runden Brillen. Die schräg nach oben verlaufende „Schmetterlingsform" verleiht jedem Gesicht ein optimistisches Aussehen und läßt jünger und fröhlich wirken.
- Schmale und lange Gesichter sollten auf eine dicke Hornbrille verzichten. Nehmen Sie statt dessen große Gläser mit dünnem farbigem Rand, die das Gesicht verkürzen.
- Viereckige Gesichter sollten leicht ovale Brillen bevorzugen. Ein heller Rand und kleine Goldverzierungen mildern die Stremge der Gesichtsform.
- Für kleine Gesichter empfiehlt sich die randlose Brille mit Golddoubléfassung in Augenbrauenhöhe. Große Gesichter werden harmonisch von dicken Hornbrillen ergänzt.
- Hüten Sie sich vor verspielten Übertreibungen. Denn in erster Linie soll auch heute noch die Brille zum Sehen und erst danach zum Aussehen dienen.

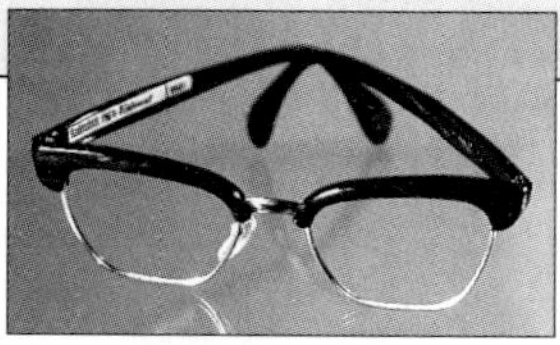

Herrenbrille
iplomat, 1957-67,
Kombifassung mit
:braunem Celluloid
in Holzmaserung,
Rodenstock

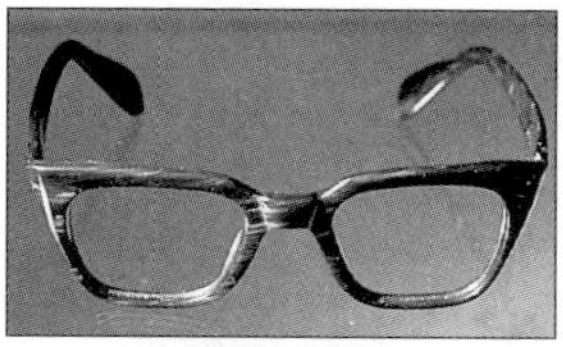

Herrenbrille
Corsar", 1959-63,
durchgefärbtes
Celluloid mit
Holzmaserung,
Rodenstock

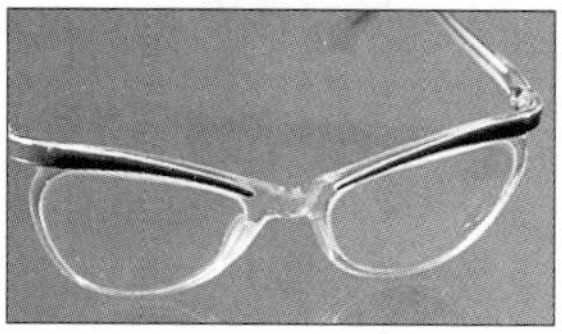

nenbrille „Rodina",
959-74, farbloses
:elluloid mit weißer
Kaschierung und
brauner Perlglanz-
folie, Scharniere in
geprägter Backe,
Langläufer,
ca. 2,5 Mio. Stück
Rodenstock

Damenbrille
Rodella" 1959-64,
Kombifassung mit
dunkelroter, weiß
gesetzter Kaschie-
rung, Rodenstock

)amenbrille, Frank-
reich, 50er Jahre,
rotbraun marmo-
rierter Kunststoff,
Frame France

Damenbrille
pette", Ende 50er
Jahre, Fassung aus
ıwarz kaschiertem
Kunststoff,
Oberrahmen
schwarz lackiertes
Aluminium mit
omfarbenen Blatt-
verzierungen

damals auch die Augenuntersuchung im Zwei-Jahres-Rythmus eingeführt. Kinderbrillen der 50er Jahre waren vom Gestell her verkleinerte Kopien aus der Welt der Erwachsenen, besaßen jedoch „besondere Bügel, deren geschwungen ausgehende Enden weich, elastisch und anschmiegsam sind. Dadurch können sich die Ohrenpartien normal und ungehindert weiterentwickeln."

Die phantasievollen Bemühungen der Brillenhersteller fanden ihren Niederschlag in den Schaufenstern der Optiker und den meist schon mehrfarbigen Anzeigen und Photos von gekrönten und ungekrönten Häuptern in den Illustrierten. Trug eine leibhaftige Königin ein Modell, wie es bei Königin Juliane von den Niederlanden und der elegant geschwungenen „Rodina" der Fall war, stand einer jahrelangen Beliebtheit nichts im Wege. Die Laufzeit dieses Modells begann 1959 und endete 1974! Ihre zurückhaltender geschwungene Schwester „Rodella" war dagegen nur von 1959 bis 1964 in der Herstellung. Mit der Mode gelangte eine zweite Generation der Brillenfassungen aus Amerika, aus Italien und vor allem auch aus Frankreich auf den deutschen Markt, die besonders in der Damenmode neue Formen vorstellten. Sie legten das Augenmerk weniger auf farbige Gestaltung, als auf ungewöhnliche Konturen der Fassungen, die rechteckig, an der Seite und oben verbreitert oder deutlich von den seitlich betonten Backen abgesetzt waren. Die Auswahl der Brillenfassungen hielt sich im Vergleich zu heute jedoch in Grenzen. Wer schlecht sah und vom Wirtschaftswunder bisher nur gehört hatte, beschränkte sich notgedrungen auf eine Kassenbrille – trotzdem sind die Modelle des einfachen Mannes und der Frau, die andere Sorgen als eine moderne Brille hatten, begehrte Objekte auf Flohmärkten und in Trödelgeschäften, und veranlassen so manchen möglicherweise noch immer mit still verklärtem Blick von den „Golden Fifties" zu schwärmen.

Vor allem für die jüngere Generation ist es nicht immer ganz so einfach, den Moden der fünfziger Jahre ihren ursprünglichen Charme abzugewinnen, zumal sie sich fragen, was eigentlich an diesen Jahren so „golden" war.

Grundsätzlich ist jedoch zu sagen, daß gerade in bezug auf gutes Design in den Jahren des Aufschwungs viele Entwürfe gelungen sind, die vierzig Jahre später schon wieder zeitgemäß sind.

GEGENSÄTZE

Damenbrille „Tanja", 1962-68, Doublé-Kombifassung mit Celluloid und Perlglanzfolie in de braunen Kaschierung, Zierauflagen Rodenstock

GEGENSÄTZE – DIE 60ER JAHRE

Die sechziger Jahre brachten in Fortsetzung der schwungvollen Schmetterlingsfassungen markante ein- oder zweifarbige Farbkombinationen und transparent kolorierte Fassungen. Besonders beliebt waren die Verbindungen weinrot-wasserhell und blau-wasserhell. Alternativen dazu waren modische Accessoires wie aufgesetzte Verzierungen aus imitierten Edelsteinen, Perlmutter, Horn, Gold und Silber. Um diesen schönen Schein möglichst echt wirken zu lassen, gab es nur ein Ausgangsmaterial: Kunststoff. Damit war die Voraussetzung für eine rasch wachsende Auswahl an neuen Formen und Farben gegeben. Wichtig war die Betonung der Brauenpartie, die Augen größer und ausdruckvoller erscheinen ließ. Obwohl sich die moderaten Schmetterlingsmodelle „Femina" (1960-63), „Rodura" (1960-64) oder „Tanja" (1962-68) mit kaschierten Brauenbogen noch länger einer breiten Akzeptanz erfreuen konnten, standen sie am Ende einer in sich geschlossenen Entwicklungsreihe. Immerhin bewies eines der letzten Modelle in diesem Stil, „Elfina" 1967 eine breite Farbauswahl: cognac-schwarz, cherry-scharz, weinrot, saphirschwarz und indiana mit Doublédekor.

Doch die elegant geschwungenen Formen wurden bald durch streng geometrische Fassungen ersetzt, die zur Abwechslung nicht nur im oberen Bereich, sonder insgesamt dunkel gefärbt waren. „Cordoba" (1963-67) bezeichnet eine Zwischenstufe mit verlaufender Färbung, während die unifarbene „Maya" (1961-68) in Zukunft den Ton angeben sollte, dem ab 1968 „Candela" oder „Silvana" aus dem Haus Rodenstock oder Modell 5100 von Metzler folgten. Die anschaulichen Farbbezeichnungen dieser Modelle waren: sierra, rubin, siena, marin und bambus. Aus der lieblich schmeichelnden Weiblichkeit war die emanzipierte Frau geworden, die ausdrucksstarke Fassungen bevorzugte. Wohl starken Vorbildcharakter für diese, mehr die Waagrechte betonende Mode waren die Brillen der Schlagersängerin Nana Mouskuri, die damit ihr Image als ernstzunehmende Künstlerin mit aparter Note betonte.

Für den erfolgreichen Mann sah das anders aus: Ludwig Erhards dickes Horngestell stand für wirtschaftlichen Aufschwung, Erfolg und Durchsetzungskraft. Noch heute gilt das Modell als „Macherbrille". Das liegt

Damenbrille „Cordoba", 1963-67, Celluloid mit brauner Perlglanzkaschierung, geprägte Backe, Rodenstock

Damenbrille „Maya", 1961-68, farbloses Acetat mit brauner Kaschierung auf Perlglanzfolie, Rodenstock

Damenbrille „Sylvana", 1968-74, braunes Acetat, Rodenstock

Herrenbrille „Senator neu", 1962-71, Celluloid mit brauner Kaschierung und Ziemiete, Rodenstock

Herrenbrille „Corsika", 1963-70, Celluloid mit schildpattfarbener Folie kaschiert, Rodenstock

am dominanten oberen Rand, der den Eindruck von markanten Augenbrauen erweckt, mit denen nach wie vor Kraft und Männlichkeit assoziiert werden. Die quadratische Form strahlt solide Sachlichkeit aus, die keinen Spielraum für Träume, Phantasien und Gefühle läßt. So ist es denn auch nicht weiter verwunderlich, daß bis Mitte der 60er Jahre die Neuanschaffung einer Brille in erster Linie unter dem Aspekt der Langlebigkeit erfolgte. Bei der „Senator neu" (im Gegensatz zur bereits vorhandenen „alten") oder „Corsika" beweisen bereits die Laufzeiten zwischen 1962 und 1971, daß man sich daran hielt: keine Experimente bitte.

Ein Phänomen als solches ist das Herrenmodell „Rocco", das seit 1961 in mehreren „Farb"-nuancen (dazu zählte auch die Kombination von schwarzen Bügel und einer Fassung in zweierlei Grautönen) angeboten und bis heute von Rodenstock hergestellt wird.

Das amerikanische Herrenmode-Magazin Esquire fand es allerdings unpassend, ja sogar unökonomisch, bei jeder Gelegenheit – am Abend, beim Sport oder im Büro – die gleiche Brille zu tragen. Vielmehr wurde dem Mann von Welt empfohlen, Stil und Farbe seiner Brille der persönlichen Verfassung und der Tageszeit anzupassen.

Aber damit war dem Kunden nicht beizukommen. Wählte er 1961 eine Metallbrille, die als dezenteste Lösung einer Augenkorrektur galt, wie zum Beispiel die „Carlton", so fand er sie nicht nur bis 1970 in den Auslagen der Optiker, sondern auch eine Heerschar von Kopien, die sich diesen Erfolg zu nutze machten.

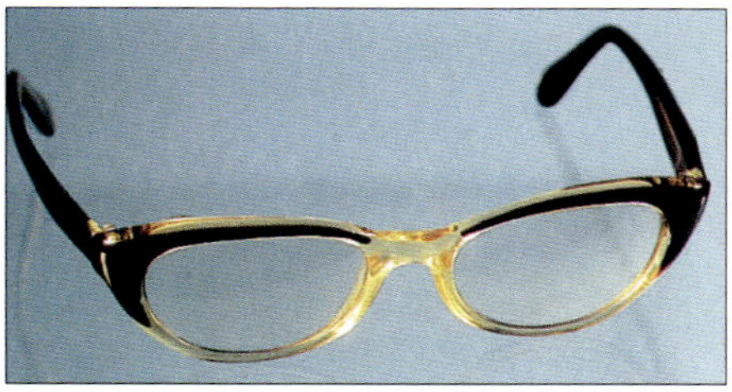

Herren- auch Sonnenbrille „Rocco", 1961 bis heute, graues Acetat mit schwarzer Kaschierung und grauer Perlglanzfolie, schwarze Bügel, Rodenstock, über 3 Mio. Stück wurden für den amerikanischen Markt hergestellt

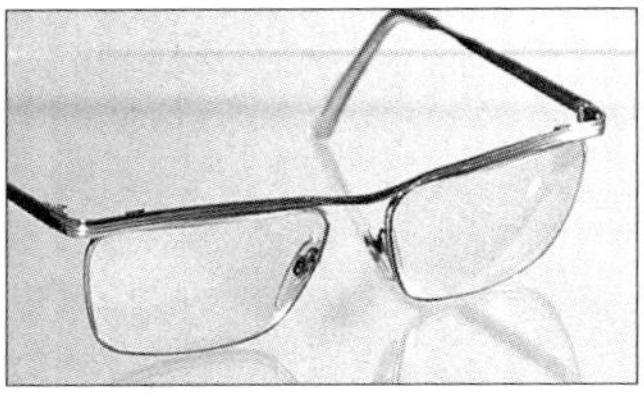

Herrenbrille „Carlton", 1961-70, häufig kopierte Doubléfassung, Rodenstock

Herrenbrille „Arnold", 1969-80, Kombifassung aus braunmeliertem Acetat, ein Langläufer, Rodenstock

Damenbrille „Corvette", 1961-67, Metallträger mit braun-weißen Celluloidringen, Rodenstock

Aus der klassischen Kombifassung „Arnold", die sich zwischen 1969 und 1980 als Langläufer entpuppte und deren Aussehen zeitlos aktuell geblieben war, entwickelte sich lediglich eine Variante, bei der nicht nur der Brauenbogen, sondern die gesamte Fassung rundum mit Kunststoff belegt wurde und damit die optischen Eigenschaften von beiden oben beschriebenen Modellen verband.

Bereits damals brachten die Hersteller parallel zur Mode zweimal im Jahr eine neue Brillenkollektion auf den Markt. Dabei mußte es sich freilich nicht immer um völlig neue Modelle handeln, oftmals waren es lediglich Formvariationen und Farbveränderungen. Die Auswahl reichte schlußendlich von dicken und dünnen Fassungen über die bereits erwähnten eckigen, runden und ovalen Brillen bis hin zu runden Metallgestellen und randlosen Modellen. Das Herrenmode-Magazin Gentlemen's Qarterly schrieb dazu: „ ... die sehr chic unter europäischen, insbesondere den französischen Studenten sind und besonders gut zu längeren Haaren passen."

Abgesehen vom wirtschaftlichen Aufschwung begannen die sechziger Jahre jedoch eher ernst. Ulbricht ließ in Berlin die Mauer bauen, Cuba entwickelte sich zum neuen Krisenherd und Vietnam wurde für viele Jahre Schauplatz der Machtkämpfe zweier unterschiedlicher Ideologien. Gerade diese Konfrontation der Systeme war es, die in der zweiten Hälfte der 60er Jahre entscheidenden Einfluß auf die Jugend ausübte. Studentenunruhen erschütterten das Land und die neu formierte Außerparlamentarische Oppostion, kurz APO, ließ die braven Bürger um die Früchte ihres schwer erkämpften Wohlstands fürchten. Die Zukunft war in Frage gestellt.

Wie jede Bewegung hatte auch diese Welle ihre eigenen Gesetze in Sachen Mode. In puncto Brille hieß das beispielsweise: klein und rund – wie sie schon die Mitglieder der spanischen Inquisition getragen hatten. Als Absage an Konsumdenken und Gesellschaft griff man in die Vergangenheit, um sich eine alte Nickelbrille herauszufischen, mit der man in die Zukunft sehen wollte. Restbestände in Fachgeschäften und Fundstücke vom Flohmarkt avancierten zum Ausdrucksträger jener jungen Generation des Widerspruchs. Und noch etwas prägte die Träger kreisrunder Augengläser, sofern sie nicht zu klein waren – die Gläser. Sie imitierten den

Designerbrille von Peter Max, 1969, Amerika

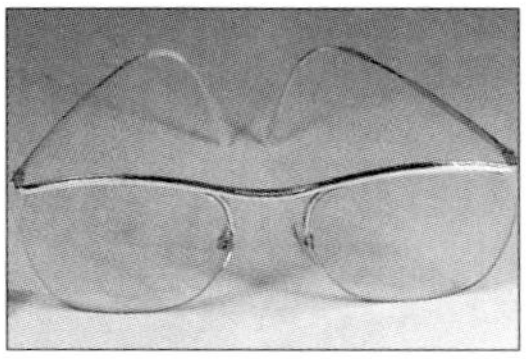

Herrenbrille, um 1960, Brückenrahmen aus Golddoublé mit Perlonfaden als Glas-halterung

Blick mit hochgezogenen Augenbrauen, den der Stummfilmschauspieler Harold Lloyd bereits als Typus des altklugen Kindes, das mit weit aufgerissenen Augen erstaunt in die Welt blickt, geprägt hatte. Wer als Intellektueller dieser Richtung zugerechnet werden wollte, aber nicht auf Altes zurückgreifen wollte, fand in nur wenigen, damals entworfenen Brillen sein Medium. Im krassen Gegensatz dazu stand übrigens die unscheinbar wirkende, zerbrechliche „Intellektuellenbrille". In den meisten Fällen handelte es sich um runde oder leicht ovale Gläser, die nur von einer dünnen, kaum wahrnehmbaren Fassung gehalten wurden. Der fehlende, respektive schwach angedeutete obere Rand erinnerte an kaum ausgeprägte Augenbrauen, denen das Vorurteil anhängt, mit der Energie und Flexibilität sei es nicht weit her. So weit Urteile und Vorurteile. Eine andere Bewegung schwappte über den großen Teich zu uns. Die Hippies, fröhliche Pazifisten, machten ab Mitte der 60er Jahre das Leben bunter. Ihre eigene Brillenvorstellung glich sich zwar in gewisser Weise den zornigen Aufrührern an, denn auch ihr Vorbild, der indische Politiker und Friedensfreund Gandhi, hatte zeitlebens eine runde Nickelbrille getragen, doch der Background unterschied die beiden Richtungen gewaltig. Farbe und Spaß als positive Reaktionen auf die bürgerliche Gesellschaft brachten ihnen zwar viel Kopfschütteln ihrer Vätergeneration ein, setzten sich aber trotzdem in vielen Bereichen des täglichen Lebens mehr und mehr durch. „Make love not war" gab uns dieses Jahrzehnt als Lebensempfehlung mit auf den Weg, und wohl kaum jemand, außer der französischen Entwerferin Paulette Guinet wäre damals bereits in der Lage gewesen, das Motto aus farbig verlaufenden Folienbrillen in Herzform anschaulicher umzusetzen. Ihre Brillen waren kecke Versuche, der Gesellschaft eine Maske vorzuhalten, die zwar ein wenig verdeckt, aber doch Einblicke gewährt. Als experimentelle Fingerübungen sind deshalb diese Brillen, die zudem äußerst fragil und deshalb wenig haltbar waren, heute gesuchte Sammlerobjekte.

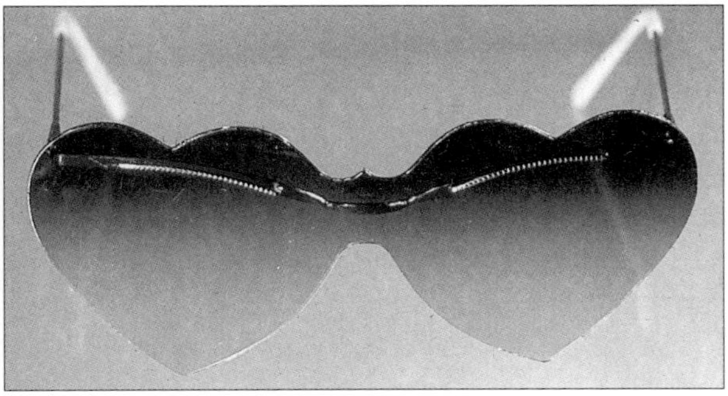

Sonnenbrille nach Entwurf Paulette Guinet, Oyonnax um 1970, rot-gelbe Plastikgläser in Herzform, Metallträger

EMANZIPATION UND KARRIERE – DIE 70ER JAHRE

Die 70er Jahre setzten den Aufbau unserer Väter fort – d. h. der Aufschwung war plötzlich nicht mehr nur den Männern vorbehalten: Die emanzipierte Frau verlangte nach

Sonnenbrille nach Entwurf von Paulette Guinet, Oyonnax um 1970, braun-gelbe Plastikgläser in Augenform, Metallträger

anderen Stilmitteln. Das Diktat der Mode kam ihr dabei entgegen. In die dezenten Alltagsfarben mischten sich transparte Pastelltöne, die den Blumenkindern abgeschaut waren – wenn auch in gutbürgerlicher Zurückhaltung. Da es nun immerhin nicht mehr als verwerflich galt, sich die Augen zu schminken, durfte die Farbe einer Brillenfassung dazu nicht zu stark kontrastieren. Das Problem: wie schminke ich mich als Fehlsichtige?, wie kann ich beurteilen, wo der Lidstrich verlaufen soll, wenn ich nicht deutlich sehen kann, lösten sammelwürdige Schminkbrillen, bei denen jeweils eine Fassung durch ein Schamier, das am Braunbogen montiert war, hochgeklappt werden konnte. Somit wurde das „Arbeitsfeld" zugänglich, der kritische Blick jedoch gewahrt. Da der Großteil der weiblichen Brillenkäufer der Statistik nach zu Beginn der 70er Jahre in mittlerem Alter war, empfahlen sich zusätzlich zur dezenten Farbigkeit der Fassung auch leicht getönte Gläser, die erste Augenfältchen vertuschen sollten. Auch der neuerlich bevorzugte Straßbesatz an Augenrändern lenkte von der Tatsache ab, daß man älter geworden war. Vor allem die neue Frau, die ihre eigene Karriere anstrebte, wollte Durchblick in alle Richtungen. Wie man ihn erreichen wollte, war noch die Frage, denn Bügel, die geradezu revolutonär am unteren Glasrand ansetzten, mußten ja schließlich auch in Höhe des Ohransatzes geführt werden und liefen dabei diagonal am Blickfeld seitlich vorbei.

Fazit: die Brille wurde größer. Pantoskopische Gläser in modifizierter Form erreichten in den Kollektionen von 1973 bislang ungekannte Ausmaße. Der Rahmen reichte von den Wangenknochen bis über die Augenbrauen und mußte dafür die umlaufende Rundung zumindest an ein oder zwei Seiten zugunsten einer eckigen Kontur aufgeben. Ob die Form des Fernsehbildschirms, der nun in jedem Wohnzimmer flimmerte, Pate stand, ist nicht bewiesen, läßt sich aber durch die nicht zu leugnende Ähnlichkeit auch nicht von der Hand weisen. Die Aktualität dieser Neuerung wurde nicht in Frage gestellt und bei Kampagnen unter dem Motto „vorher – nachher" stets als einzig mögliche Lösung gesehen, ein ju-

Schminkbrille „Vanity", um 1975, schwarzer Kunststoff mit farblosen, klappbaren Rahmen

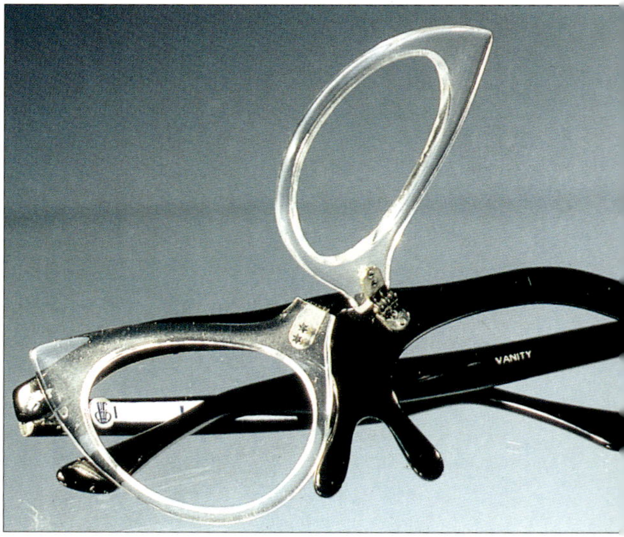

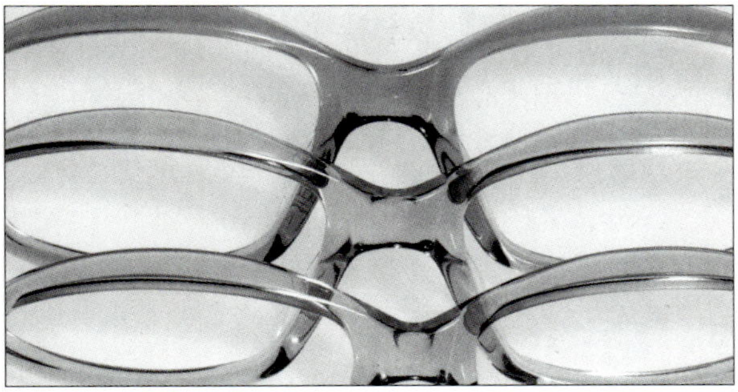

Damenbrille „Rodia 6008", 1970-73, Rodenstock

Damenbrille, um 1972, blaßgrüner Kunststoff mit stabilen, eingegossenen Scharnieren, Marwitz & Hauser

gendlicheres und dynamischeres Aussehen zu erlangen.

Betrachtet man Werbung und Modellpaletten, so war die Zeit den Metallfassungen nur mäßig gewogen, die immer nur als unauffällige Nothelfer herangezogen wurden. Wer sich trotzdem nicht davon trennnen wollte, dem halfen große, runde Fassungen mit erstmals durchbrochener Brauenlinie (Metzler 7020) oder rechteckige Kombifassungen mit zartlila Auflagen (Metzler 7115, Lady R 901) dem Trend zu folgen. Einen fraulich-weichen Schimmer erhielten diese Modelle durch partielle Mattierung. Und noch etwas prägte dieses Jahrzehnt derart, daß für die weitere Zukunft ein eigenes Kapitel berichtet. Markennamen waren plötzlich Trumpf. Jedes Kleidungsstück, jede Brille mußte neuerdings gut sichtbar mit einem Herstellernamen gekennzeichnet sein, dessen Image sich auf den Käufer übertrug. Naturgemäß begann die Modebranche extravangante Modifizierungen des zeittypischen Geschmacks voranzutreiben, darunter in erster Reihe der Franzose Pierre Cardin. Seine Pionierleistungen gehören heute in jede bessere Sammlung und bestechen weniger durch Farbsinn als durch formale Spielereien der Fassungsformen. Vergrößerte Nachzeichnung der natürlichen Augenform oder der Kontrast zwischen einem großen Rund mit eingeschnittenem Quadrat als Scheibenform hatten gemeinsam, daß sich die Brille nicht dem Gesicht untergeordnet, sondern es mit einem eigenwilligen Akzent überlagerte. Im Laufe der Jahre entwickelten sich bestimmte Marken und Namen zu reinen Statussymbolen, die sowohl Qualitätsbewußtsein als auch wirtschaftliche Potenz signalisieren sollten.

Der Mann – zumindestens der Karrieremann – entzog sich auch in den 70er Jahren noch gerne modischen Spielereien und hielt es auch bei der Brille mit den traditionellen Werten. Wie bereits Ludwig Erhard bevorzugte beispielsweise auch F. J. Strauß die mächtige dunkle Fassung und er war ein Mann der Tat. Die Fassung war rechteckig und überdeckte durch einen seitlich oben verbreiterten Rahmen das eingearbeitete Scharnier, das zu den ebenfalls breiten Bügel überleitete.

Da sich im großen und ganzen die rechteckige Fassung durchsetzte, erhielten „Exklusiv"-Serien sowohl bei Kunststoff- wie bei Metallbrillen eine detailliertere Oberflächengestaltung in Form gegeneinander angeschrägter Flächen, die dezente Lichtreflexe erlaubten. Die wohl bedeutendste Entwicklung in der Brillenmode der 70er Jahre war die Wiederentdeckung der soge-

links:
Damenbrille von Pierre Cardin „6319", Frankreich 70er Jahre, hornfarbenes Acetat mit Steckbügeln

nannten Pilotenbrille, die in den kommenden zwanzig Jahren ihre Stellung unangefochten behaupten konnte und uns sicher noch bis ins nächste Jahrtausend begleitet. Heute kennt man ihre geheimnisumwitterten Eigenschaften: sie ist alters-, geschlechts- und klassenlos. Bei ihrer Renaissance als Korrektionsfassung setzte man eher auf den jugendlichen Käufer (z. B. Young Look bei Rodenstock, ab 1974), der das Image der Sonnenbrille (siehe das Kapitel Ray Ban) zum Ausdruck individueller Persönlichkeit nutzen wollte. „Sie gibt dem jugendlichen Käufer die ihm fehlende Markanz und dem ausgeformten Gesicht des Erwachsenen jugendliche Beschwingtheit", erklärt ein Werbetext von Cazal die Ambivalenz. Die Tropfenform der Gläser, die gebogene Brücke und der darüberliegende, gerade durchlaufende Steg des Metall-Originals wurden mit ungeheurem Erfolg in Kunststoff umgesetzt. Näher am Original blieben Metallbrillen dieses, praktisch nicht zu verbessernden Modells, die unter weiterer Gewichtseinsparung mit der randlosen Brille verschmolzen, die ebenfalls ein auffallendes Comeback in diesem Jahrzehnt erlebte. Hier war nicht mehr die Fassung das Objekt der Designer, sondern die Gläser selbst waren zum Gestaltungselement geworden. Die Parallelführung von Brücke und Steg verband im Lauf der Jahre fast jede Glasform, die zwischen oktogonal, rechteckig, pantoskopisch oder oval angesiedelt werden kann. Die stetig wachsende Bedeutung modischer Aspekte beschränkte sich keineswegs nur auf die Fassungen, auch die Gläser per se wurden zu Objekten modischer Anpassung. Die Durchmesser stiegen von 47 mm in den 40er Jahren auf über 62 mm Mitte der 70er. Ursache dafür war das Bedürfnis, die natürliche Beweglichkeit der Augen in vollem Maße auszunutzen, was die geringste notwendige Beeinträchtigung des Blickfeldes voraussetzte. Zum Ende des Jahrzehnts wuchs der Glasdurchmesser sogar bis auf 70 mm. Doch diese übergroßen Brillen entstellten nicht nur das Gesicht, sondern minderten obendrein die optischen Abbildungseigenschaften, und das hatte ein schlechteres Sehen zur Folge.

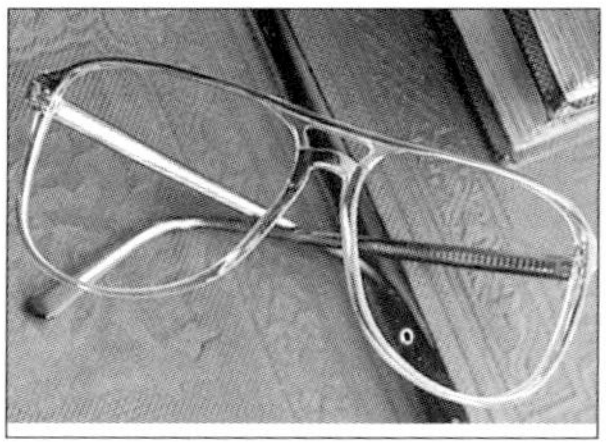

Herrenbrille „Exclusiv", 1970, Kunststoff, Rodenstock

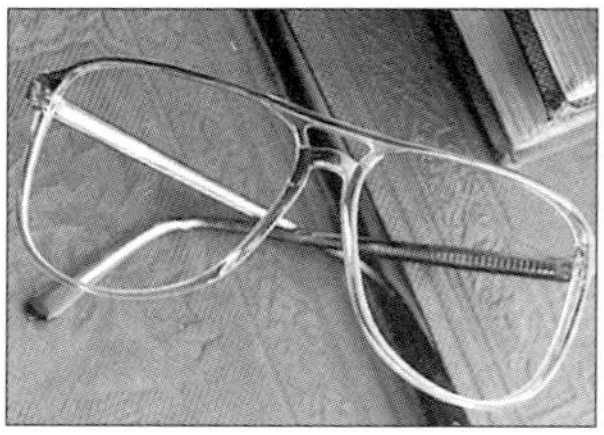

Herrenbrille „Mr. R 951", 1980, Rodenstock

unten links:
Herrenbrille „Harry", 1973, Farbe „bison", braun-meliertes Acetat, Rodenstock

INDIVIDUALITÄT

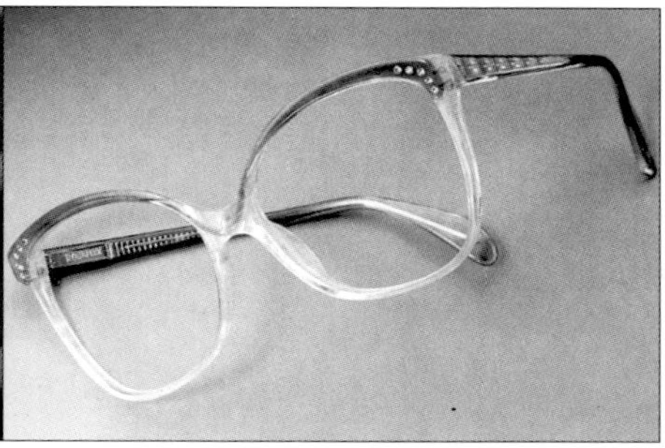

Damenbrille „803 Lady R", 1982, Rodenstock

rechts: Damenbrille „540 Exclusiv", 1980, Rodenstock

Erst in den 80er Jahren kam man wieder zu der Einsicht, die modischen Aspekte und die Zweckmäßigkeit, d. h. die gute optische Funktionsfähigkeit miteinander zu verbinden.

Doch von einer wirklichen Neuerung im Brillendesign um 1980 kann man kaum sprechen, war doch die Modellpalette von derartiger Bandbreite, daß praktisch jede Form vertreten war. Der Blick zurück auf die Modelle wurde zunehmend bei Entwerfern und Kunden beliebter, doch der Begriff der Postmoderne war noch nicht geboren. Ein Resultat dieser zaghaften Retrospektive war ein neues Schmetterlingsmodell mit geschwungenem Augenbrauenrand und akzentuierten Backen, die sogar mit Straß besetzt wurden, wie es 30 Jahre zuvor der Fall war. Formen dieser Art wurden sowohl für Damen- wie Herrenbrillen favorisiert und in Metall oder Kunststoff umgesetzt.

Herrenbrille, um 1980, honigfarbener Kunststoff, Metalleinlagen graviert

Aus der Schmetterlingsform entwickelte sich zuletzt eine neue Generation der pantoskopischen Gläser, deren entsprechende Fassungen in der Kontur aus leicht geschwungenen Segmentbogen zusammengesetzt wurden und meist nur als dünne Umrahmungen Verwendung fanden.

Wie in der Mode ist auch bei den Brillen vom Design her keine einheitliche Tendenz mehr vorgegeben. Erlaubt ist, was gefällt, und das ist unbegrenzt. Individualität prägt also sowohl die Brillenmode, als auch die Materialien der 80er Jahre. Durch die zwischenzeitlich sehr praktisch und allgemein verträglich gewordenen Kontaktlinsen hat die Brille zwar heute in ihrer primären Funktion als Sehhilfe an Bedeutung verloren, doch ihre sekundären Funktionen als individuelles Stilmittel und modisches Accessoire sind heute wieder wichtiger denn je. Dazu haben natürlich die immens gewordenen Möglichkeiten, der eigenen Persönlichkeit ein verändertes Image und gleichzeitig der möglichen Unsicherheit eine Maskierung, den Händen ein Spielzeug – ja, ein Instrument zur unbewußten Zeichensprache zu verleihen, ihren entscheidenden Beitrag geleistet. Neben den persönlichen und entsprechend subjektiven Kriterien als Stilmittel spielen in den 80er Jahren nach wie vor Designer- und Markennamen als Statussymbol und Signal für scheinbares Qualitätsbewußtsein und Wohlstand bei

der Auswahl einer Brillenfassung eine nicht zu unterschätzende Rolle. Aus dieser Perspektive heraus basieren die wirklich grundlegenden Veränderungen in erster Linie auf den neuen Materialien und Verarbeitungstechniken.
Natur und hoher Tragekomfort sind demnach Trumpf bei den allerneuesten Brillenfassungen. Folglich verwenden heutzutage immer mehr Hersteller Biostoffe wie Baumwolle für Acetatfassungen oder das

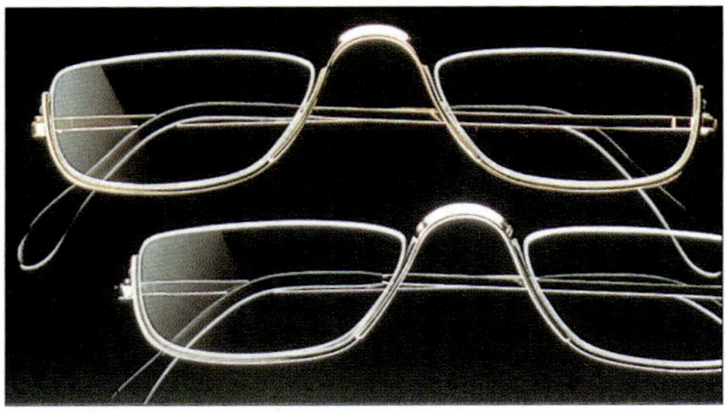

ultraleichte, im Weltraum erprobte Titan. Neue gestalterische Möglichkeiten, wie in Acetat gegossene Stoffe und fototechnische Dekortechniken eröffnen in Sachen Obergestaltung neue Dimensionen.
Besonders raffiniert ist dabei die fototechnische Dekortechnik. Fotografierte Motive wie Stoffmuster oder Grafiken werden entsprechend umgesetzt und mit Hilfe einer Trägerschicht auf die Brillenfassung aufgebracht.

Eine andere Möglichkeit, seiner Individualität Ausdruck zu verleihen, besteht in der absolut persönlichen Farbentscheidung: Bestimmte Arten von Kunststoff-Fassungen können nach ihrer Wahl – die entsprechende Farbpalette ist ziemlich umfangreich – direkt beim Optiker eingefäbt werden. Eine absolut positive Entwicklung der letzten Jahre ist eher praktischer Art: die sogenannten Soft-Pads oder Soft-Clips. Dabei handelt es sich um weiche Nasenauflagen für Metall- und Kunststoffbrillen, die aus hautverträglichem, rutschfesten und vor allem weichen Silikon hergestellt sind. Aus gleichem Material sind auch die neuen Soft-Tips, die sich geschmeidig dem individuellen Ohrmuschelansatz anpassen und dank ihrer Materialbeschaffenheit absolut sicheren Sitz garantieren.

Damenbrille „Joanna", 1988, Rodenstock

Halbbrillen „862", seit 1983, Rodenstock

Lesebrille, Miniframe, um 1990, Fertigbrille mit durchgehendem Vorderteil aus farblosem Optyl mit Metallbügeln, Söhnges

TRENDS

Vor einigen Jahren wiederentdeckt, gibt es Halbbrillen heute in jedem nur denkbaren modischen Stil – ob besonders robust, aus zart oder krätig getöntem Kunststoff, in Metallausführung oder kostbar veredelt, was sie besonders elegant und grazil macht, die Halbbrille ist eine praktische Alternative zur „normalen" Brille. Da sie nur zum Lesen – und damit nicht ständig – gebraucht wird, bietet gerade die Tatsache ihrer schmalen Abmessung besondere Vorteile: Damen bringen sie sogar im Etui in einer kleinen Abendtasche unter, Herren schieben sie in

Damenbrille Klassik, 1994, Rodenstock

die Brusttasche des Sakkos. Im Kielwasser der Halbbrillen sind auch die Fertigbrillen wieder auf der Bildfläche erschienen. Wie bei den Halbbrillen handelt es sich um reine Lesebrillen, die in gängigen Dioptrien vorwiegend in Kaffeegeschäften und Kaufhäusern angeboten werden. Aber auch renommierte Optikfachgeschäfte führen erstaunlicherweise die „in diesem Fall nicht ganz so preiswerte" Lesehilfe. Schon der amerikanische Kaufhauskönig Woolworth, der 1926 seine erste Filiale in Deutschland eröffnete, bot die kostengünstige Sehhilfe in seinem Sortiment an.

LEICHTBRILLEN

Um Gewichtsreduktion geht es auch bei den Leichtbrillen. Wie bei allem wirklich Neuen fragt man sich, warum man nicht schon früher drauf gekommen ist. Darum geht es auch bei der Innovation von Rodenstock: So wenig Brille wie möglich – ein raffiniertes, ästhetisches Nichts, eine Glasbrille als puristischer und ästhetischer Trendsetter.

Die Reduktion des Materials auf das Wesentliche sowie die Minimierung der konstruktiven Einzelteile hat zu völlig neuen, superleichten Brillenfassungen geführt, die ohne Scharniere auskommen. Verwendet werden Kunststoff oder Metall. Ein kleiner Edelstahldraht ersetzt Bügel, Scharnier und Schraube. Gerade mal fünf Gramm bringt die Metall- und knappe acht Gramm die Kunststoff-„Halterung" – ohne die Gläser selbstverständlich – auf die Briefwaage. Dabei werden sowohl gleiche Belastbarkeit als auch gleiche Flexibilität wie bei herkömmlichen Bauteilen gewährleistet.

Der gestalterische Clou: Mit markantem Schliff wird scheinbar einfaches Brillenglas zum Gestaltungselement.

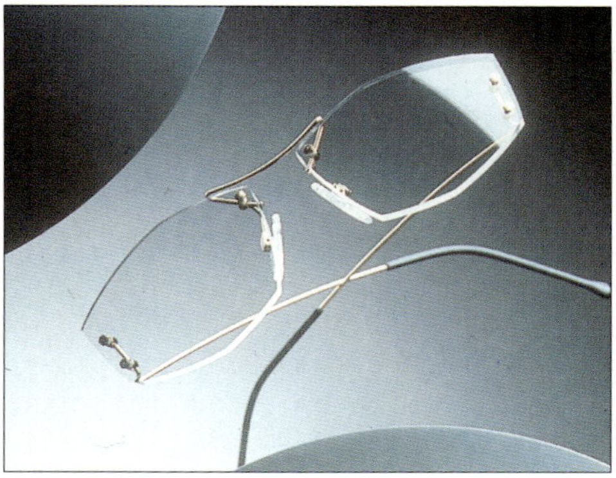

Leichtbrille „7186", 1993, 5,2 Gramm ohne Gläser, Rodenstock

„VÄTER" DER MODERNEN FASSUNG

Zwei Namen, die eng mit der Entwicklung des modernen Brillendesigns verbunden sind, seien hier stellvertretend für die unzähligen guten und weniger guten Kreativen genannt, die sich mit der Gestaltung von Brillenfassungen beschäftigen.

Alain Mikli ist der Schöpfer moderner Brillen schlechthin, der sowohl in Fachkreisen als auch neidlos von seinen Designkollegen und natürlich seinen Fans als der begnadete Avangardist anerkannt wird.

Als der Sohn armenischer Immigranten, eigentlich heißt er Alain Miklitarian, mit 23

Jahren die Optikerfachschule in Paris abschloß, sah seine Zukunft noch nicht so rosig aus. Er selbst beschreibt seine damalige Situation so: „Das ewige einerlei im Augenfachhandel langweilte mich maßlos. Damals legte ein Optiker in weißem Kittel seinen Kunden Brillengestelle vor, die im besten Fall das Gesicht am geringsten beeinträchtigten. Eigentlich wurde man durch die Brille auch noch bestraft. Nicht umsonst ist der Ausdruck 'Brillenschlange' ein negativer. Und das wollte mir einfach nicht einleuchten." So gründete er bereits 1978 seine eigene Firma und begann außergewöhnliche Brillenfassungen in außergewöhnlichen Farben und Formen herzustellen. „Mir war klar, wenn ich Erfolg haben wollte, mußte ich zunächst einmal um jeden Preis auffallen." Seine erste Kollektion war entsprechend konsequent und bestand nur aus asymetrischen Modellen, die allerdings kein Mensch haben wollte. Ein Mann wie Mikli läßt sich jedoch nicht entmutigen. Seine Devise: „Jeder trägt sein Schicksal in sich, und was nicht im Menschen drin ist, kann er auch nicht wiedergeben. Energie, Ideen, Umsetzung, Mut, das Verfolgen von Zielen – dies allein kommt von innen."

In der Hoffnung, daß die Amerikaner mutiger sein würden, reiste er über den großen Teich und besuchte eine Messe nach der anderen. Doch auch der amerikanische Traum blieb vorerst ein Traum. Keine einzige Brille war verkauft. Frustriert, aber getreu seiner Devise weiterhin überzeugt von sich und seiner Arbeit, kehrte Mikli nach Paris zurück. Schon kurz danach wendete sich das Blatt. Er war aufgefallen, und zwar der amerikanischen „Vogue", die einen Artikel über ihn veröffentlichte. Dieser wiederum wurde von der französischen Ausgabe des tonangebenden Modemagazins übernommen. Der Grundstein zum Ruhm war damit gelegt. Bald kamen bekannte Modemacher wie Claude Montana, Karl Lagerfeld und Anne Marie Beretta zu ihm, um sich seine Augenkreationen für ihre Modenschauen auszuleihen. Zwar hat Karl Lagerfeld zwischenzeitlich „eigene" Brillenkollektionen auf den Markt gebracht, doch andere Mo-

Brille „5616" von Alain Mikli, 1992, Kombifassung havanna/schwarz

deschöpfer wie Montana und Donna Karan halten ihm nach wie vor die Treue, genauso wie Millionen von Brillenträgern, die auf Fassungen aus den zwischenzeitlich sechs verschiedenen Linien von Alain Mikli schwören. Auch Bausch & Lomb, Hersteller der legendären Ray-Ban, läßt vom Kultdesigner des Kultobjektes entwerfen. „Ich habe so viele Ideen, so viele Stile, daß ich gar nicht alle auf den Markt bringen kann. Darum entwerfe ich noch für andere Firmen. Mein Name steht allerdings nicht auf den Brillen. Den können die benutzen für Promotion-Zwecke, aber mein Name gehört mir."

Daß dieser Erfolg nicht von ungefähr kommt, erklärt seine Einstellung: „Ich werde ständig inspiriert. Ich kann meine Phantasie nicht aufhalten. Ich gehe durch die Straßen und sehe irgendein Detail, und daraus wird dann eine neue Brille." Neben Elton John, nutzen auch Cindy Lauper, Grace Johns, Madonna und Wim Wenders die ungebremste Kreativität Miklis. Wenders ließ sogar die Brillen für seinen Film „Bis ans Ende der Welt" von seinem Lieblingsdesigner entwerfen. Miklis Kommentar dazu: „Wenn ich verrückt genug bin, eine Brille zu entwerfen, ist bestimmt auch jemand verrückt genug, sie zu tragen. Miklis eigene Boutiquen in New Yorks Fith Avenue, in Tokio, Paris, Lille, Lyon und Helsinki, um nur einige zu nennen, gehören heute zum absoluten „Muß" jedes Besucherprogramms. Daneben trägt aber noch ein anderer Aspekt zur Mehrung seines Ruhms bei. Wie alle noblen Designer wird auch Mikli zwischenzeitlich kräftig kopiert.

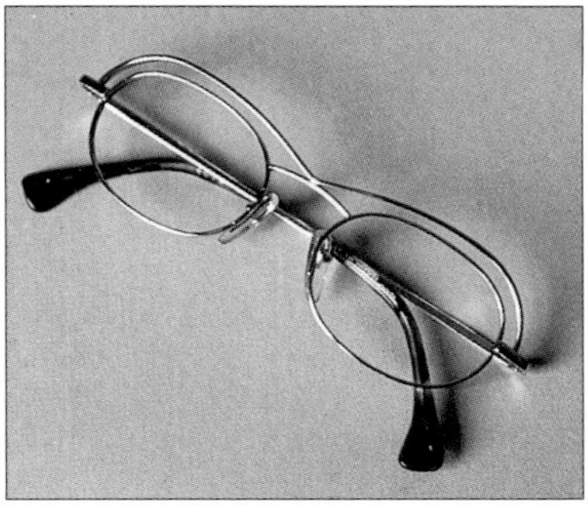

Damenbrille „4679" von Alain Mikli, 1992, Bimetall

Über Alain Mikli ist viel geschrieben worden, besonders treffend ist jedoch ein Kommentar von Ivy Stoll, Deutschlands Brillenexpertin Nr. 1, die in der Ausgabe 1/93 der von ihr herausgegebenen Publikation „Brillen Special" schreibt: „Mikli ist eine ganz klare Sache. Ein Name, der zu den großen gehört, der Bestand hat, eine Marke, unter der sich Fachwelt und Käufer etwas vorstellen können. Ein Produkt, von dem man immer viel erwartet und nicht enttäuscht wird."

Und was sagt Alain Mikli zur Mode? „Mode? So etwas gibt es in den 90er Jahren nicht mehr. Der Begriff 'Mode' ist ausgestorben, weil alles schon mal dagewesen ist. Heute trägt man, wozu man Lust hat. Jeden Tag eine andere Komödie: Darum geht es in den 90ern." Ein entschiedenes, aber wahres Resümee eines Künstlers, der weiß, wovon er spricht.

Für den zweiten Namen steht eine Abkürzung: CAZAL. Dahinter verbirgt sich der Österreicher Cari Zalloni. Seit 1975 bestimmt er entscheidend die Gestaltungsentwicklung in der Brillenindustrie mit. Cari Zalloni studierte in Wien bei einem Schüler des legendären Josef Hoffmann, einem Mitbegründer der Wiener Moderne. Im Verlaufe seiner Entwicklungsjahre entschloß sich das künstlerische Energiebündel Zalloni, seine geballte Kreativität dort einzusetzen, wo noch viel zu bewegen war. Seine Wahl fiel auf das Stiefkind Brille. Sein Anspruch: Er will „optische Zeichen und Akzente in ein Gesicht setzen, statt schlichter Sehprothesen". Von Anfang an waren seine Brillenkollektionen, seiner Mentalität entsprechend, durch progressive Designvorstellungen geprägt, die durch den Münchner Hersteller op Couture Brillen realisiert werden.

Inzwischen werden jährlich weit mehr als eine halbe Million Cazal Brillenfassungen und Sonnenbrillen weltweit verkauft. Kleinteilige Ornamentik der Fassungen und neue Lösungen zum Bügelansatz.

Mikli und Cazal haben die Brillenmode revolutioniert und damit eine Grundlage geschaffen, die es der neuen Generation von Designern leicht macht, Kreativität zu ent-

Herrenbrille „648" von Cazal, 1993, schildpattfarbenes Acetat mit Monel

wickeln, ohne Basisarbeit leisten zu müssen. Bei den Recherchen zu diesem Buch sind mir dabei zwei Namen aufgefallen, die für bemerkenswerte und innovative Brillenfassungen stehen.

Die Designer der Firma Casanova finden ihre Inspirationen im Jugendstil, im Futurismus, in der Postmoderne, in der Pop-art und in den Œvres von Mondrian, Kandinsky, Miró und Mackintosh. Daß dabei zum Teil beinahe ebenbürtige Unikate entstehen, beweist die 1991 vorgestellte Serie „Metallmechanik" – handgearbeitete Brillenfassungen, die zwischenzeitlich für $ 7000 und mehr gehandelt werden. Aber auch die Kollektionsbrillen sind von einer schier unglaublichen Phantasie geprägt. Schon alleine die Brillennamen heben sich wohltuend aus der Masse der Anbieter heraus. Das Modell „Stillstand der Zeit" symbolisiert die Souveränität in einer Zeit, deren Pendel immer schneller schlägt. Ein auf Stufen nach oben kriechender Mensch ersetzt bei der Brille „Evolution" den Nasensteg – eine schon fast philosophische Lösung für eine Brille. Gegründet wurde die Firma Casanova 1986. Damals wie heute ist die Prämisse der drei Unternehmer: Schönheit ist makellos, deshalb sollen unsere Produkte es auch sein.

Um dieser Vorstellung nahe zu kommen, werden die Brillen nicht etwa von einem einzelnen kreiert, sondern sie entstehen in Gemeinschaftsarbeit. Dabei werden auch Außenstehende in den kreativen Prozeß mit einbezogen. Professoren für Kunst und Design namhafter Institute in Venedig und New York stehen beratend zur Verfügung. Wer seine Sammlung um das ein oder andere originelle Stück bereichern möchte – und möglicherweise auch noch Mut besitzt, etwas Außergewöhnliches auf der Nase zu tragen, sollte sich den Namen Casanova merken. Das gleiche gilt auch für die Firma Maske, die zwar anders positioniert – mit anderen Worten, weniger spektakulär, aber dafür tragbar, seit 1990 Brillenfassungen anbietet, die ausgefallen genug sind, um gebührende Beachtung zu finden.

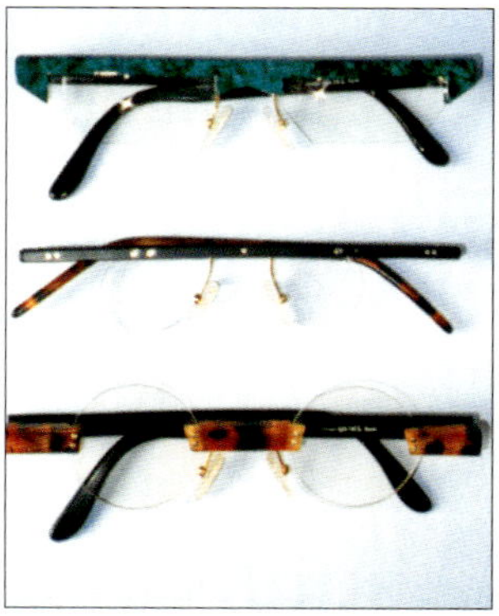

„Lambda", „Ceta" und „Alpha" von Maske, Berlin, mattierter Kunststoff mit Stahlschrauben

MODEDESIGNER

Damenbrillen „Canework" von Christian Dior

Brillen sind die Garderobe der Augen, deshalb kommt es darauf an, das am besten geeignete Modell für jede Persönlichkeit zu finden. Ist eine Dame elegant und trägt gern Chanel-Kostüme wird sie eine klassische Brille bervorzugen; ist sie ein exzentrischer Typ, wird sie sich für auffällige Brillen entscheiden, die sie über den Durchschnitt herausheben." (Payot)

Das Gesamtwerk jedes einzelnen Modeschöpfers zeichnet sich durch sein eigenständiges Image aus: Das Ergebnis ist ein, im wahrsten Sinne des Wortes, anziehendes Zeugnis ihres Stils, ihres Gefühls für das Außergewöhnliche in Ästhetik, Perfektion und Luxus.

Daß es dabei allerdings besonders in so sensiblen Bereichen wie den Augen, Einschränkungen gibt, steht wohl außer Frage. Immerhin sind in diesem Fall die Gläser das Maß aller Dinge und stehen deshalb an erster Stelle aller gestalterischen Anforderungen. Ebenso klar ist aber auch, daß Modeschöpfer in diesen Dingen kein Spezialwissen vorweisen können und müssen.

Der Entstehungsprozeß einer Mode-Brille geht deshalb davon aus, daß ein anerkannter Hersteller die möglichst genauen Vorstellungen des Entwerfers in einem abgegrenzten Spielraum verwirklicht. Die Modeschöpfer treffen mit Brillendesignern zusammen, die selbst außergewöhnliche Ideen in eine ausführbare Form bringen, damit sie allen Anforderungen der Realisierbarkeit und des Marktes entspricht. Nur selten findet man tatsächlich etwas von der Handschrift des Couturiers in einer Fassung wieder. Meistens beschränkt es sich jedoch nur auf das Signet oder Monogramm des Modeschöpfers, das an prominenter Stelle angebracht – der seitliche Bügelansatz eignet sich besonders gut dazu – die Fassung als Werk eines bestimmten Modemachers auszeichnet. Dementsprechend wird das Markenzeichen zum festen Bestandteil des Designs. Außerdem wird schon von weitem signalisiert, daß es sich hier um etwas besonders handelt – nomen est omen.

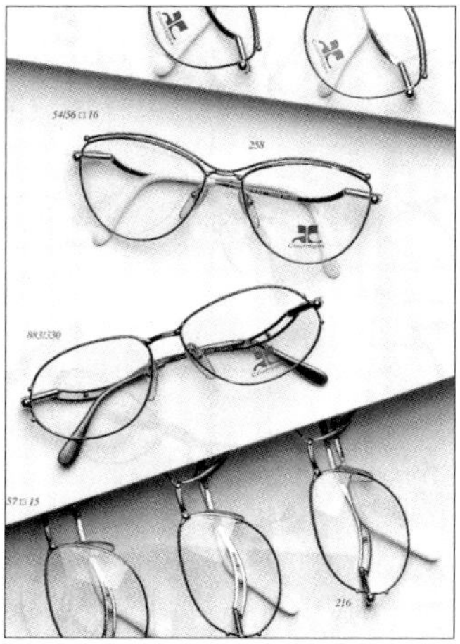

Metallbrillen von Courrèges, Paris

Die Liste der großen Namen aus der Modebranche ist lang, denn kaum ein Couturier läßt sich heute noch die Chance entgehen, seine jeweilige Kollektion um Korrektions- und Sonnenbrillen zu bereichern. Das Ziel – ihren Namen jeder Frau und jedem Mann vor Augen zu halten – ist allen gleich, allein die Inspiration ist jedem eigen.

Das breite Spektrum jeder einzelnen Kollektion und die Vielfalt, die das modische Konzept der letzten zwanzig Jahre bestimmte, erschweren sowohl die Auswahl, als auch die Beurteilung der Objekte.

Die wichtigsten Modeschöpfer und ihr Bezug zur Brille seien indessen kurz charakterisiert. Die nun folgenden Damen und Herren der Haute Couture sind vorwiegend Lizenzgeber, die mit mehr oder weniger kreativem Einsatz eigene Brillen in ihre Kollektionen aufgenommen haben.

Das Haus Christian Dior eröffnete in den 60er Jahren den Reigen und hatte lange Zeit die erfolgreichste Mode-Brille. Das Erstlingswerk des zum damaligen Zeitpunkt unter der Leitung von Marc Bohan stehenden Unternehmens war eine übergroße Sonnenbrille. Doch dem Bedürfnis nach Ausgefallenem entsprechend, folgten schon bald komplette Kollektionen für Damen- und Herrenbrillen. Ein weiteres Stilelement, das in fast jeder Kollektion mehrfach auftritt, sind die breiten Bügel, die auch 1993/94 wieder zu finden sind. Diesmal als sogenanntes Canework, aufwendig vergoldete Flechtstrukturen aus dem Korbhandwerk, wie sie als Sitzfläche in den klassisch gewordenen Bugholzstühlen der Firma Thonet in Bistros und Restaurants rund um den Globus zu finden sind. Daneben spielt bei den Brillen dieser Saison die Natur eine große Rolle. Von der Natur inspirierte Strukturen von Echsen und Pfauenfedern – Wildlife im Großstadtdschungel.

Unübersehbares Erkennungszeichen der Dior-Brillen, die bei Carrera hergestellt werden, sind selbstredent die Initialien C. D. in Höhe der Backen.

André Courrèges, Mönch unter den französischen Modeschöpfern, erreichte den Höhepunkt seiner Karriere, als er den Minirock der Engländerin Mary Quant aus der modischen Subkultur holte und salonfähig machte, in dem er ihn 1965 in seine „Weltraummode" integrierte und weißgrundige

Modelle mit graphischen Mustern zu gestreiften Strümpfen und weißen Lackstiefeln als Haute Couture erklärte. Die Presse feierte damals die Kollektion des ehemaligen Brückenkonstrukteurs und Piloten als „Paukenschlag des Jahrzehnts". Weiße Brillen mit Sehschlitzen und geringelte Strumpfhosen zu silberglänzenden Lendenschurzen waren selbst in der als freizügig bekannten Generation der Beatnicks ein absoluter Hit. Doch als der Couturier selbstbewußt darauf beharrte, daß sein Stil Zukunft haben würde, versagte man ihm die Gunst.

Geblieben ist jedoch sein Ruf als Brillendesigner. Zwar sind seine Fassungen nicht mehr unbedingt spektakulär, bemerkenswert sind sie aber allemal. Es gelingt Courrèges tatsächlich immer wieder, seine Träume und seine Lebensfreude in seinen Entwürfen zu reflektieren und das gibt auch seinen Brillenfassungen, die von Argenta in Wetzlar hergestellt werden, eine ungeheure Leichtigkeit.

1971 ließ Léonard aus Paris bei der deutschen Designerin Mechtild Wierer eine Brillenauswahl entwerfen, die zu bedruckten Jerseykleidern, Pullovern und Badeanzugkollektionen des Modeschöpfers passen sollte. Hersteller war das für Sonderanfertigungen bis heute legendäre Maquette-Atelier Lozza in Mailand.

Seit fast 40 Jahren sorgen Ottavio und Rosita Missoni im wahrsten Sinne des Wortes für Farbe in der Mode. Ende der 70er Jahre begannen sie auch die Brillenmode in Zusammenarbeit mit ihrem Hersteller Safilo etwas bunter zu gestalten – zu jedem Pullover die passende Brille. Wie heißt es so schön in der Werbung: „Sich für Missoni zu entscheiden, wird zu einer Lebensphilosophie in Farben." Ihre letzte Kollektion in Metall und Acetat zeichnet sich durch eine gewisse Leichtigkeit und Schlankheit der Form aus. Eine gewisse Ähnlichkeit der Fassung M244/S mit Dior mag an der Tatsache liegen, daß auch das Ehepaar Missoni zumindestens bei diesem Modell nicht auf ein Korbgeflecht ähnlicher Prägung am Bügel verzichten mochte. Doch zum Glück steht ja Missoni drauf.

Alfred Dunhill seit jeher Garant für „understatement for the gentle-manager", für Nobless der typisch bristischen Lebenseinstellung. „Es muß zweckdienlich sein, es muß zuverlässig arbeiten, es muß schön sein und überhaupt das beste auf seine Art", erklärte Alfred Dunhill 1907 zu seiner Unternehmensphilosophie, die bis heute gilt. Folgt man den Vorstellungen, so „machen sich immer mehr Männer einen Sport daraus, das Besondere zu wählen". Gemeint sind natürlich die Brillen von Dunhill, die immer dann angebracht sind, wenn es um Sport geht. Egal, ob beim Abschlag am achten Loch – hier empfiehlt sich das Mo-

Damenbrille „244/S" von Missoni, Kunststoff mit Metallbügeln

Herrenbrille „6174" von Alfred Dunhill, Kombifassung mit Barley-Effekt auf der Brücke

dell 6174 mit ihrer Comfort-Fit-Paßform – beim Autorennen, beim Polo oder der traditionellen Ruderregatta zwischen Cambridge und Oxford auf der Themse. Nur auf dem Fußballplatz sieht man sie selten auf der Nase eines Kickers. Aus der Metallveredelung seiner Feuerzeuge übernahm Dunhill in die Brillenentwürfe den sogenannten Barley-Effekt, bei dem die Oberfläche in kleinsten Diamantrauten graviert wird. Der Hersteller: Carrera.

Mit drei Jahren entwarf er seine ersten Puppenkleider, mit 13 Jahren stand für ihn bereits sein Berufsziel fest, mit 17 Jahren kam er nach Paris um seinen Traum zu realisieren, bei Christian Dior verbuchte er seine ersten Erfolge, seit 1962 hat er sein eigenes Haut-Couture Unternehmen. Auch Yves Saint Laurent, Modeschöpfer mit dem persönlichen Markenzeichen dunkle Brillenfassung, fühlt sich der Natur eng verbunden. Die schwebende Leichtigkeit eines Schmetterlings, die Gewandtheit eines Reptils, der rätselhafte Blick einer Katze oder der geheimnisvolle Zauber eines Sonnenuntergangs in der Wüste inspirieren den Modemacher zur Natur pur, die der Hersteller Luxottica in Brillenform und den Stadtmenschen zum Nutzen bringt, auf das sie den Gefahren der Metropolen stilvoll ins Auge sehen können.

Beim Debut seiner ersten Brillenkollektion auf internationaler Bühne beschränkte sich YSL – an diesen drei Buchstaben erkennt man seit 1982 übrigens auch die nach ihm benannten Schöpfungen – nur auf die weiblichen Bedürfnisse. YSL zeigte in seiner Mode die Renaissance der Klassik. Die ausdrucksstarken Modelle dieser ersten Präsentation hießen „Jocastre", „Mars", „Pluton" und „Poseidon". Doch im Zuge der modischen Emanzipation des Mannes folgten schon bald Sonnenbrillen und Korrektionsfassungen für Herren und Unisexmodelle. In den ersten Monaten des Jahre 1985 beglückte Gianfranco Ferré die Welt mit seiner ersten Brillenkollektion, der eigenwillige Entwürfe zugrunde la-

Damenbrille von Yves Saint Laurent aus marmoriertem Kunststoff

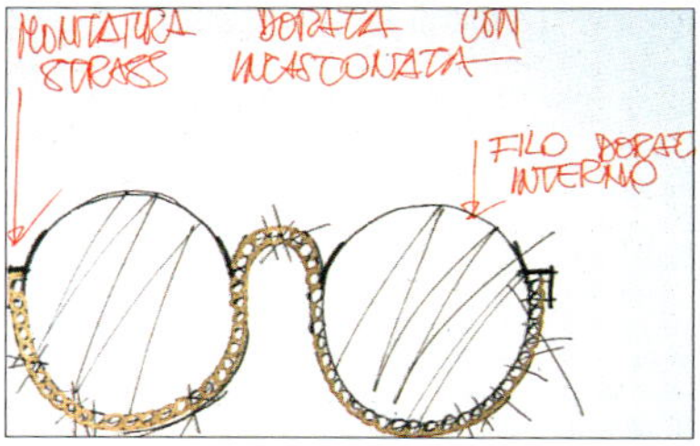

Entwurfsskizze von Gianfranco Ferré aus dem Jahr 1984

Modell „41" von Gianfranco Ferré, Kombifassung

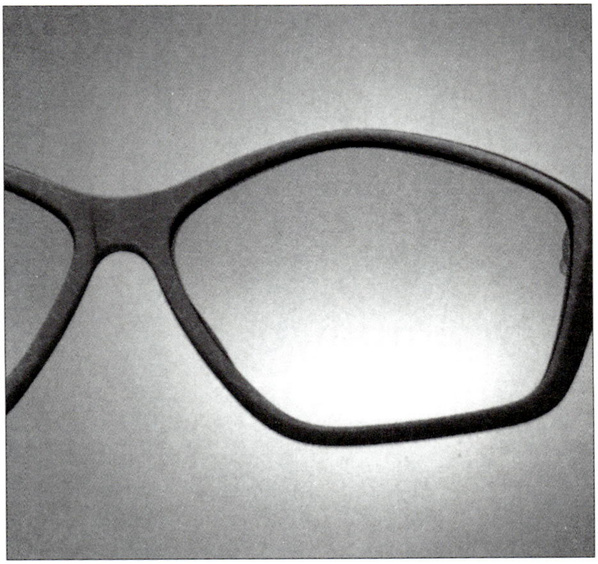

Modell „Upward Sweep" von Paloma Picasso folgt der Kontur des Brauenbogens der Künstlerin

gen. Was viele seiner Kollegen vermissen lassen, ist ihm in den letzten Jahren dafür um so besser gelungen: Ausdrucksstärke. Die ersten Kollektionen beweisen es, denn sie umfassen ein gerüttelt Maß an Phantasie bei der Form- und Farbgebung. Einige Spielereien und leider häufig auch die ausgeprägten Initialien am Bügel trüben allerdings den positiven Eindruck. Ferrés Korrektionsfassungen und Sonnenbrillen werden bei Safilo hergestellt – wie der Prospekt verspricht: „Nicht zu imitieren".

„Die Brille, die ich mir vorstelle, ist rundlich, das Wesentliche ausdrückend und ziemlich klein." Mit dieser Aussage von Giorgio Armani begann im Frühjahr 1987 die Lizenzbeziehung zwischen dem Modemacher und dem Hersteller Luxottica. Giorgio Armani ist wohl einer der kreativsten Modeschöpfer, der sich auch bei der Entwicklung und Vermarktung der Brillen, die seinen Namen tragen, kaum zurückhalten läßt. Seine Devise für Brillenfassungen: leicht, komfortabel und ausgewogen. Seine Inspirationen findet Armani – momentan retrospektiv – in der Zeit zwischen den beiden Weltkriegen, die sich seiner Meinung nach durch außergewöhnliche Eleganz und klassischen, essentiell unaufdringlichen Stil auszeichnete. Korrespondierend fällt denn auch seine Kollektion aus, die wie immer 80 Korrektionsfassungen und Sonnenbrillen für Damen und Herren umfaßt: Die 30er Jahre standen Pate. Selbstredend trägt auch bei Armani jede Brille gut sichtbar seinen Namenszug. Brillen von Giorgio Armani kann man vielleicht durch ein neues Modell von gleicher Hand ersetzen, aber trennen sollte man sich nie von ihnen; zu viele Sammler warten auf eine solche Gelegenheit.

Paloma Picasso, eine Frau mit außergewöhnlichem Geschmack, ist seit 1987 Lizenzgeberin für Carrera: „Die Form einer Brille wirkt manchmal wie eine Verjüngungskur. Sie verleiht der Erscheinung und der gesamten Ausstrahlung etwas positives, wie ein Lächeln, das ein Gesicht erstrahlen läßt", philosophiert Paloma Picasso kosmopolitisch. Ein wirklich persönlicher Beitrag liegt in ihrem Modell „Upward Sweep", dessen Brauenrand der Augenbraue der Künstlerin folgt. Internationale Marketingstrategen führen heute bereits im Entwurf

Damenbrille „3748" von Paloma Picasso, Metall mit Kunststoffbügeln

einer Brille zu weitgespannten Kooperationen. So kann eine Brille bereits von Anfang an als Schmuckobjekt entwickelt werden, wenn sie im Auftrag von Tiffany & Co. in New York entsteht, die so an ihre beste Werbung durch Audrey Hepburn anknüpfen (Modelle „Flash", „Hammered Metal", Hersteller: Carrera.) So kommt ein Exklusivmodell wie „Golden Ball", dem goldene Kugeln an Backe und Bügel den Namen verleihen modifiziert in die Serienproduktion, wie im Fall der „3748". Nicht immer mit augenfälligem Erkennungszeichen: die Künstlerin kann es sich bereits leisten, ihre Unterschrift schon mal auf der Innenseite des Bügels zu verstecken.
Christian Lacroix ist seit 1988 im Brillengeschäft vertreten. Seine Devise: „Meine Kundinnen haben eine gemeinsame Leidenschaft – für sie ist Mode ein Teil der Kultur, sie haben sehr viel Geld, aber sie wollen nicht neureich wirken". Als Hersteller sorgt Carrera dafür, daß die Leidenschaft der Lacroix-Kundinnen erfüllt wird. Auch Christian Lacroix sucht seine Inspirationen in der Natur. Für seine neueste Kollektion ist er in Afrika fündig geworden. Anlehnend an die verschiedenen Stämme läßt Lacroix ein Kaleidoskop der prächtigsten Farben und Muster entstehen. Die Formen hingegen sind dem Leben entlehnt: ein Auf und Ab mit Höhen und Tiefen.
Seit Ende der 80er Jahre sind es vorwiegend besser verdienende junge Amerikaner und Japaner, die auf Brillen und Sonnenbrillen von Ralph Lauren, Synonym für den „amerikanischen" Look stehen. Seine Kollektion ist von den gleichen Prinzipien der Zeitlosigkeit, Eleganz und Qualität geprägt, wie seine Mode.
Die kreative Fülle des Meisters dokumentiert nicht nur sein Werk, sondern auch die Namen unter denen Polo Ralph Lauren Eyewear angeboten wird. Da haben wir Polo Classic: Metallfassungen in schlichter Eleganz herkömmlicher Form, die auch mal einen Sturz vom Polopferd überstehen sollen. Ralph Laurens Fassungen sind aus bloßem Kunststoff, aus Kunststoff und /oder Metall, wobei letztere den Polo Classics nicht so unähnlich sind. Polo Prep sind die etwas kleineren Ausgaben der Polo Classic und der Ralph Lauren Linien. Fast alle Fassungen sind auch als Sonnenbrillen zu erhalten. Für die Herstellung zeichnet Safilo verantwortlich.

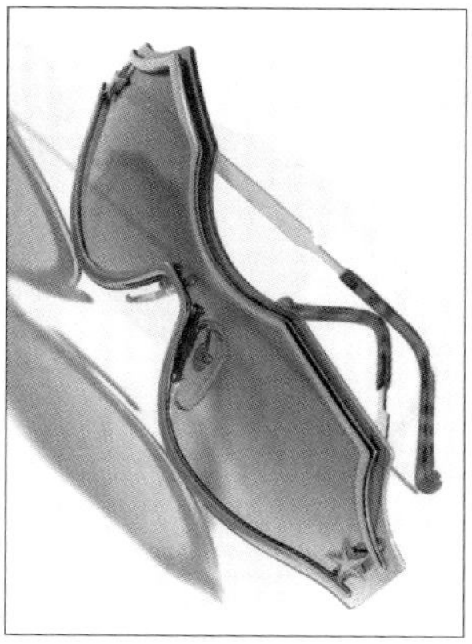

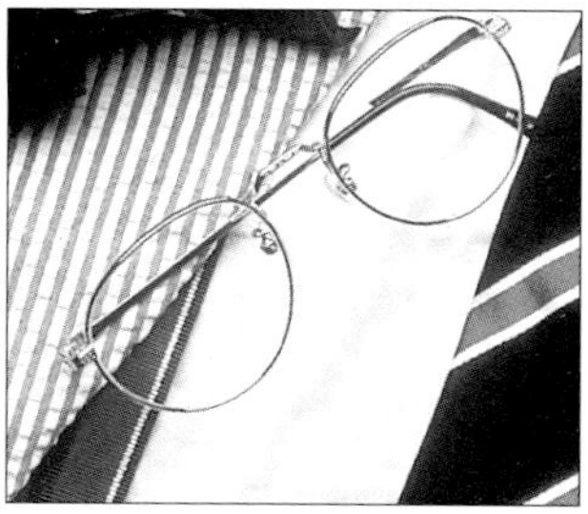

Polo „Classics" von Ralph Lauren, 1992, Metallfassung

Metallbrille „7419" von Christian Lacroix, vergoldet

Herrenbrille „1203" von Guccio Gucci, 1989, gefärbtes Metall

Pierre Cardin ist der wohl Vielseitigste der internationalen Modeschöpfer. Sein künstlerisches Spektrum reicht von der Mode über Accessoires, Möbel, Töpfe, Pfannen, Brillen bis hin zu Zigaretten. Seine Brillenkollektionen, sie werden in Italien bei Safilo hergestellt, lassen sich am besten so beschreiben: bewußte Kombinationen aus klassischen und völlig neuartigen Elementen sowie aus zurückhaltender Eleganz mit einem unverkennbaren Signet an der Backe oder am Bügel. Bescheiden sagt er von sich selbst: „Ich bin der einzige Modeschöpfer, den über zweieinhalb Milliarden Menschen kennen", allerdings vergißt er dabei zu sagen, daß sich nur ein Bruchteil von ihnen seine Kreationen leisten können. Trotzdem ist der Kundenkreis weltweit schon zu groß, um wirklich avangardistische – einem Künstler gebührende – Brillenfassungen zu kreieren.

Gucci – vor über 80 Jahren eröffnete der Vater der Dynastie, Guccio Gucci als Sattlermeister sein erstes Geschäft in Florenz, nicht ahnend, daß er damit einen Meilenstein in der Welt der Schönen und Reichen setzte – seit einigen Jahren selbstverständlich auch in puncto Brillen.

Im Laufe der Jahre entwickelte sich Gucci zum Industrieunternehmen, bei dem man es sich nur schwerlich vorstellen kann, daß noch irgendeins der hochwertigen Lederprodukte wie Handtaschen, Koffer, Schrankkoffer oder Geldbörsen (für den schmäleren Geldbeutel), Schuhe und Bekleidung in die Hand genommen wird, und sei es nur um das bekannte rot-grün-rote Markenzeichen anzubringen.

Raten Sie, wo die bei Safilo hergestellten Brillenfassungen wohl den Namenszug Gucci tragen? Richtig, am Bügel. Übrigens, die neueste Kollektion zeichnet sich wirklich mal durch Abwechslung in Formen und Farben aus. Bevorzugte Materialien sind Acetat und Metall und Kombinationen aus beidem.

Cerruti 1881!: „Die Welt der Mode ist voll von Versuchen und Erfindungen", kleidet Damen wie Kathleen Turner, Diane Keaton oder Angelica Houston sowie Männer wie Michael Douglas, Jack Nicholson, Jean-Paul Belmondo oder Sting ein. Kravatten, Schals,

Damenbrille „8521" von Pierre Cardin, 1993, Metall vergoldet

Brillen von Cerutti 1881, 1992

Schuhe, Unterwäsche, Parfums, Kosmetik und Lederwaren, da gehört einfach eine Brille dazu. Frei nach dem Motto: „Harmonie basiert auf der Spiegelung der Persönlichkeit" – ich bin von Kopf bis Fuß auf Cerruti eingestellt, und unten drunter auch. Im Gegensatz zur Mode und zu den Accessoires ist Cerrutis Verhältnis zur Brille derzeit eher von Traditionen geprägt. Das klassische Oval und sehr gemäßigte Schmetterlingsformen wirken allerdings fast avangardistisch im Vergleich zu seinen Herrenbrillen. Der Hersteller Rodenstock sorgt dafür, daß auch dieses Signet gut sichtbar ist. Wolfgang Joop – Hamburgs Antwort auf Frankreichs Modemänner – ist seit 1989 mit dem Brillenhersteller Menrad im Geschäft. Bei ihm sind es vor allem die Details, die zur Hauptsache avancieren. Wie sein Freund Lagerfeld stellt sich auch Joop gerne im Dienste der Sache zur Verfügung, indem er seine eigenen Brillen trägt. Bei seinen 40 neuesten Modellen ist zwar eine gewisse Farbigkeit zu beobachten, doch im Prinzip bleibt er sich und seinen hanseatischen Prinzipien treu. Auch ihn kann man am besten am Namen wiedererkennen. Seine hanseatische Modekollegin Jil Sander ist ebenfalls in Sachen Brillen bei Menrad beheimatet und steht eher auf Purismus. Ihre Damenbrillen zeichnen sich in ihrer Schlichtheit durch sorgfältig ausgewählte Materialien aus. Inspirationen sind nicht direkt nachzuvollziehen, was bei näherer Betrachtung der neuen Sonnen- und Korrektionsbrillen für Damen umfassenden Kollektion auch wohl kaum beabsichtigt ist. Die Materialien umfassen Kunststoff, Metall sowie hin und wieder sparsam eingesetzte Schmucksteine. Die idealen Fassungen für ausdrucksvolle Gesichter, die sich gerne mit Jil Sanders Namen am Bügel schmücken.

Seit 1989: Wolfgang Joop mit Joop!-Brille

Karl Lagerfeld – kreativ, besessen, exentrisch und erfolgreich. Mit 16 Jahren erhielt er bereits seinen ersten Modepreis, heute zählt er zu den ganz Großen der internationalen Modewelt. „Aus den erweiterten Elementen der Vergangenheit eine Zukunft zu machen" ist Karl Lagerfelds Philosophie, die auf jeden Déjà-vu-Effekt verzichten möchte und beweist, daß es gegenwärtig mehr als nur eine Historismus-Rezeption gibt.

Brille des Autors „4501" von Karl Lagerfeld, 1993, anthrazitfarbenes Titan

Frei nach Baudelaire: „Orginalität statt Mittelmäßigkeit". Manches Modell wird von dem Multitalent – mal Designer, Kostümbildner, Fotograf oder Parfumeur – selbst in die Gesellschaft durch kurzfristiges Zur-Schau-Tragen eingeführt. Den Hauch des Exklusiven unterstützen limitierte Auflagen, wie die 2000 Exemplare des blau-gelb-rot gefärbten Sondermodells „Malewitsch". Der Unterschied zwischen Sein und Schein reizt Lagerfeld immer, und Brillen, die wirken, als wären sie aus Marmor, Glimmer oder Granit gemacht, sind dank moderner Kunststoffe leichter als man denkt. Übrigens, wenn man von einem durchbrochenen KL-Signet an einem Bügel einmal absieht, sind seine Initialien meistens recht diskret in die Bügel geprägt, deren Schwung ein ganz persönliches Markenzeichen des Designers ist.

Jil Sander Eyewear, Menrad Gruppe

Im Frühjahr 1990 konnte Luxottica einen weiteren renommierten Modedesigner für Brillenkollektionen unter Vertrag nehmen: Valentino, Lieblingsdesigner der Reichen und Schönen, entwirft Korrektions- und Sonnenbrillen für Damen, die zwar schön, aber nicht unbedingt reich sind.

Sein „V" ist mittlerweile nicht nur auf Mode und Brillen zu finden, sondern auch auf Tapeten und Geschirr. Jeder Gegenstand verdankt seine Entstehung Menschen, Ideen, Fantasien und Philosohpien, die von einzelnen Persönlichkeiten verkörpert werden. Gerade in der Welt der Mode entwickelte sich in den letzten Jahren eine neue Form der Design-Kultur, die mit einem neuen Life-Style verbunden ist. Diesem Trend folgend, gibt es fast keine Modemarke, keinen Sportartikelhersteller und keinen Produzenten von mehr oder weniger notwendigen Luxusartikeln, keinen namhaften Sportler und kaum noch eine Persönlichkeit, die ihren Namen nicht für eine Brille hergeben. Doch was ich bei all diesen Mode-Brillen wirklich vermisse, ist der Umstand, daß tatsächlich keine dieser Fassungen, hinter denen so wohlklingende Namen stehen, beeindruckend genug ist, daß sie ohne einen Hinweis am Bügel oder sonstwo auskommt.

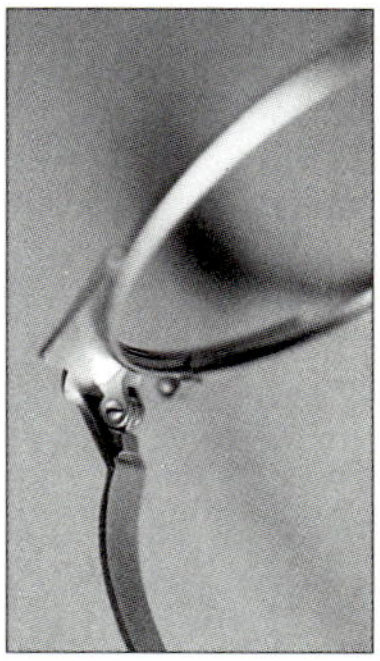

Typischer Schwung im Bügelansatz einer Brille von Karl Lagerfeld

SONNENBRILLEN

Die erste überlieferte Sonnenbrille befand sich zweifelsfrei im Besitz von Kaiser Nero (37-68 n. Chr.). In seiner „Historia Naturalis“ berichtet der römische Schriftsteller Plinius d. Ä. (23-79 n. Chr.): „Nero beobachtete die Kämpfe der Gladiatoren durch einen Smaragd.“ Daraus wurde bisher immer abgeleitet, Nero sei kurzsichtig gewesen und hätte versucht, mittels eines geschliffenen Smaragds diese Sehschwäche auszugleichen, doch hier haben sich die Historiker getäuscht und mit ihnen Generationen von Lateinschülern. Denn wer weiterliest, erfährt: „Es gibt für das Auge keine angenehmere Farbe als die des Smaragdes. Die Steinschneider, welche die sehr feinen Gemmen schneiden, haben kein anderes Mittel, um ihren Augen Erholung zu verschaffen.“

Bereits Ende des 15. Jahrhunderts wurden Brillen zum Schutz vor der Sonne mit farbigen Brillengläsern versehen. Darüber berichtete der Dresdener Brillenforscher Professor A. von Pflugk (1866-1946): „Es waren meist grüne Brillengläser, die als Schutzgläser Verwendung fanden. Man hielt eben die grüne Farbe, die Farbe der Wiesen und Wälder, für besonders angenehm für die Augen. Aber auch blaue Gläser wurden bevorzugt, weil man die blaue Farbe des Himmels als 'augenstärkend' ansah.“

Im Jahre 1797 entwickelte der Engländer John Richardson eine Korrekturbrille, die durch das Aufschieben dunkler Gläser zur Sonnenbrille avancierte.

Wer jedoch glaubt, die Sonnenbrille wäre zu jener Zeit Privileg des Adels und der besseren Kreise gewesen, befindet sich im Irrtum. Der Hoch- und Geldadel bevorzugte Sonnenschirme und breitkrempige Hüte, um sich die vornehme Blässe zu bewahren und die Augen vor dem Blenden zu schützen. Noch im 19. Jahrhundert behaupteten sich die blauen Gläser. Sie verloren erst ihre Vorherrschaft, als man erkannte, daß sie keinen Schutz gegen die unsichtbaren ultravioletten Strahlen boten, die „mit den sichtbaren Sonnenstrahlen in unser Auge gelangen und gesundheitliche Schäden verursachen können“. 1905 gelang Josef Rodenstock mit den gelbgrünen Sonnenschutzgläsern „Enixantos“ ein erfolgreicher Schritt in der Entwicklung der Sonnenbrille. Man empfahl sie als Schutzgläser „auf Reisen, bei Wanderungen in Schneelandschaften, auf Gletschern und hellen Straßen. Außerdem natürlich für Automobil- und Radfahrer sowie für Jäger, sowohl zum Schutz der Augen als zum deutlicheren Erkennen entfernter

Sonnenbrille, um 1920, hornfarbenes Celluloid, flach gepreßt

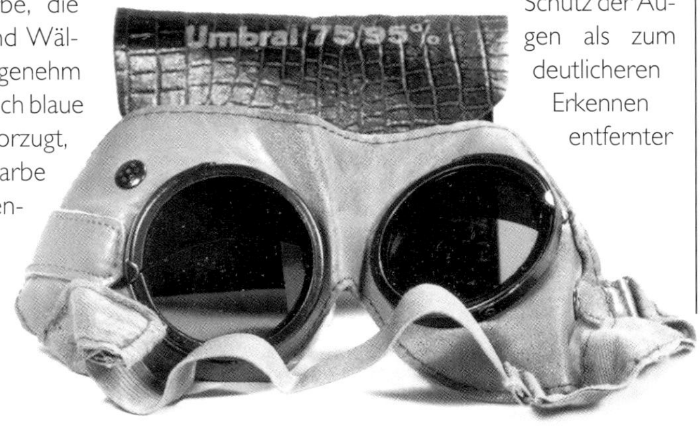

Fliegerbrille aus dem 2. Weltkrieg mit runden UMBRAL 75/95% Gläsern verlaufend beschichtet, graue Metallfassung, außen schwarz lackiert. Windschut aus grauem Saffianleder mit Gummizug, seitlich der Gläser Ventilationsösen eingestanzt

Gestanzte Folienbrille „Brevette", Frankreich, Mitte 40er Jahre, Celluloid mit eingelassenen Scharnieren

Gegenstände, besonders auch bei Nebel und in der Dämmerung". Die Gläser wurden in Ohrenbillen, aber auch Pincenez eingesetzt. In der Folge galten die blauen, grünen, grauen und gelben Gläser als ungeeignet, da sie die natürlichen Farben zu stark verfremdeten und den Augen keinen wirklichen Schutz boten.

Im Jahre 1912 wies der Züricher Professor für Augenheilkunde A. Vogt nach, daß weniger die in den Sonnenstrahlen enthaltenen unsichtbaren UV-Strahlen dem Auge schaden, sondern eher die ebenfalls im Sonnenlicht enthaltenen unsichtbaren Wärmestrahlen, die als ultrarot (heute: Infrarotstrahlen) bezeichnet wurden. Zum Schutz gegen diese entwickelte Zeiss das Uropunktal-Glas. Dem folgte das braungraue Umbral-Glas, ebenfalls von Zeiss, das nicht nur schädliche ultraviolette und ultrarote Strahlen absorbierte, sondern es dämpfte auch blendende sichtbare Sonnenstrahlen. Es ist mit einer dicken graubraunen Glasschicht gleichmäßig versehen, die den Vorzug besitzt, einen natürlichen Farbeindruck zu vermitteln.

Herren-Sonnenbrille, Frankreich, um 1940, durchgehendes Messinggestell mit eingesetzten Kunststoffassungen, grüne Gläser, Metallbügel

Ihren ersten Boom erlebte die Sonnenbrille in den 20er Jahren, als sportliche Betätigungen unter freiem Himmel en vogue wurden. Tennisspielen, Segeln, Bergsteigen und Skifahren setzten einen Blendschutz einfach voraus. Sonnenbrillen wurden zum Symbol für Fitness, Gesundheit, Erfolg und Jugendlichkeit.

Den modischen Rahmen setzten Celluloid-Fassungen und die runde Pex-Brille, in die Sonnenschutzgläser eingepaßt wurden. Der Aufwand für eine Sonnenbrille hielt sich entsprechend der Absatzerwartung noch in Grenzen. Fassungen aus Celluloid wurden ohne Nasensteg und ähnliche Annehmlichkeiten samt der Scharniere flach gepreßt und mit Bügeln ohne eingearbeitete Verstärkung versehen. Mit sogenannten Vorhängern, wie sie bereits um 1925 von Zeiss entwickelt wurden, konnte die alltägliche Korrektionsbrille in eine Brille für Sport und Freizeit verändert werden. In den 30er Jahren bevorzugte die Damenwelt erstmals relativ große, eckige Fassungen. Die Sonnenbrillen der Herren erinnerten dagegen an die kleinen, runden Schweißerbrillen. Die runde Glasfassung erleichterte eine Übernahme aus dem Bereich der Schutzbrille durch abklappbare Seitenblenden, die aus gebogener Celluloidfolie bestanden und mit Nieten oben und unten beweglich an der Fassung montiert waren. Eine beliebte Glasfarbe war ein gelbliches Grün und so unansehnlich, wie der Name unaussprechlich: „Gieuzal“. Auch zu Beginn der 40er Jahre und nach dem zweiten Weltkrieg tat sich noch nicht allzu viel auf dem Sonnenbrillenmarkt. Die Zeitgeschichte verlieh der Fliegerbrille dieses Jahrzehnts trotz der qualitativ hochwertigen Umbral-Gläser mit 75 bis 95 % Absorbierung einen beklemmenden Beigeschmack, den auch die weich anliegende Fassung aus grauem Saffianleder, die Schläfe, Stirn und Nasenrücken gegen Zugluft schützen sollte, nicht minderte. Sparmaßnahmen im Materialverbrauch führten in Frankreich zur patentierten Folienbrille „Brevette“, deren oben gebogene Form unten und seitlich gekantet wurde, damit die besonders breiten Bügel bündig an den „Fassungen“ abschlossen. Die Anführungszeichen beziehen sich darauf, daß Gläser und Fassung nicht montiert, sondern aus einem einzigen, gepreßten Stück gefärbten Celluloid bestanden, das schmale Metallscharniere mit den Bügeln verbanden. Der Aufwand in der Herstellung war deshalb besonders kostengünstig, bot aber keine erwähnenswerte Stabilität.

Dies war aber nicht bei allen französischen Brillen der Fall: Ausgehend von der Verstärkung der Brücke durch einen darüberliegenden Steg, erhielt die Rahmenform eine gerade Augenbrauenlinie, so daß eine durchgehende, U-förmige Messingleiste die beiden Glasfassungen miteinander verklammern konnte. Folgerichtig war die Gesamtform der Brille eher eckig und beeinflußte dadurch den zukünftigen Geschmack. Durchgehende Metallbrücken gehören zu den ersten Fassungen, die nach 1946 die Askania-Werke in Berlin verwendeten, wobei die eingesetzten Schutzgläser aus früheren Produktionen stammten und ungeachtet ihrer Paßform in den Träger eingekittet wurden. Pantoskopische Brillen wurden aus Restbeständen, die den Krieg überlebt hatten, übernommen und führten Stil und Mode jener vergangenen Friedensjahre unverändert fort. Erst gegen Ende dieses Jahrzehnts, und besonders nach der Währungsreform, änderten sich der Bedarf und langsam auch die Einstellung zur Sonnenbrille.

Orientiert an den Filmen und den privaten Sonnenbrillen der Filmstars aus Hollywood, die einer ganzen Generation zum Vorbild wurden, kamen atemberaubende Kreationen aus bonbonfarbigem Celluloid in Mode. Amerika galt als das nachahmenswerte Vorbild, wenn auch die meisten der von dort propagierten Brillen aus französi-

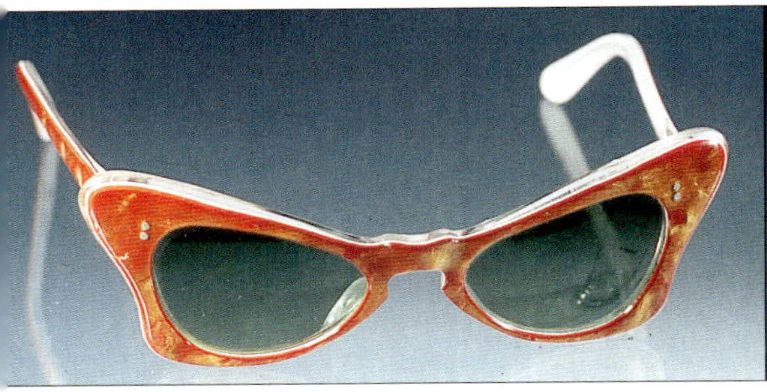

Damen-Sonnenbrille, 50er Jahre, farbloses Acetat mit roter Kaschierung auf weißem Grund und Goldpuderauflage

Damen-Sonnenbrille, 40er Jahre, weißer Kunststoff mit farbloser Kaschierung über Stoffeinlage in Schottenkaros

Damen-Sonnenbrille, Frankreich, 50er Jahre, farbloses Acetat mit schwarzer Kaschierung, Perl- und Straßauflagen, Selecta France

Sonnenbrille, Frankreich, 50er Jahre, farbloses Acetat mit blau-weiß gestreifter Kaschierung

Sonnenbrille, Frankreich, 50er Jahre, rot-weißer Mehrschichten-kunststoff mit Fräs- und Stichel-dekor am Rand, gebogene Bügel

scher und italienischer Produktion stammten, die bereits Mitte der 30er Jahre eine führende Rolle in Mode und Geschmack gespielt hatte. Dieser Trend bestimmte das gesamte Jahrzehnt der sogenannten Golden Fifties. So konnte man 1950 lesen: „Das riesige Format der Sonnenbrille steht in einem pikanten Gegensatz zu den zarten und lieblichen Gesichtern der Trägerinnen", und weiter heißt es in dem Beitrag: „Neuerdings bevorzugt man besonders dunkle Gläser; in einer seltsamen Anwandlung von Askese verbergen die Frauen ihr Beseelt-Schönstes, ihre beste Waffe für Flirt und Koketterie, die Augen." Die Damen trugen bei Sonnenschein die extravertierten Schmetterlingsbrillen, die doch eine gewisse Portion Mut verlangten und die runden oder rechteckigen Gläser durch eine Weiterentwicklung der pantoskopischen Form endgültig verdrängten. Weit mehr und gewissermaßen als Vorreiter für die Fassungen der Korrekturbrillen herrschten hier auffällige Formen vor, die mit kleinen festonartigen Bögen, stilisierten Blüten, oder mit Ziernieten besetzt ein Stückchen große, weite Welt ins aufblühende Europa brachten.

Brillen mit einem Karomuster auf der Fassung waren noch der bescheidene Anfang. Verbesserungen der Materialbearbeitung durch Kaschierungen mit eingelegten Textilien, Metallstreifen oder Perlglanzfolien erlaubten nicht nur dezente bis ungewöhnliche Färbungen, sondern jede Imitation kostbarer Materialien wie Perlmutt, Schildpatt, Horn, Silber und Gold. Die alte Regel: „Keine Diamanten bei Tageslicht" hatte für die selbstbewußte Dame von Welt keine Gültigkeit mehr, wenn sie durch üppigen Straßbesatz auf kontrastierenden Fassungen aus dunklem oder sogar schwarzen Kunststoff ihren brillanten Auftritt plante. Zu richtigen Sommerfarben entwickelten sich Knallrot oder Hellblau mit Weiß und gestreifte, getupfte oder kleingeblümte Kombinationen, die durch farbige Folien in das überwiegend farblose, oder wasserhelle – wie man damals sagte – Material eingebettet waren.

Die Wandlung der Brille vom Zweckobjekt zum Schmuck erklären auch die nun wieder bevorzugten Steckbügel, die es ermöglichten, die Brille rasch abzunehmen und ins Haar zu stecken. Insgesamt dominierten Kunststoffgestelle, die mit Ziernieten besetzt sind. Kombinierte Fassungen mit einem Metallträger und Kunststoffassungen blieben im Bereich der Damenbrille die Ausnahme, während für Herren bereits der erste Katalog der Firma Rodenstock nach dem Krieg – erschienen im März 1951 –

SONNENSCHUTZ

„Die Begleiterscheinungen eines Ferienaufenthaltes am Wasser sind oft Sonnenbrand und schmerzende Augen. Die Haut wehrt sich gegen die ultravioletten Strahlen. Sie wird rot. Die Augen schützen sich selbst. Man kneift sie zu, weil Sonne und Wasser blenden. Das Zukneifen gibt an den Augenwinkeln Fältchen, die um so mehr sichtbar werden, je mehr die Haut bräunt. Man 'altert' zusehends. Ganz anders aber mit einer guten Sonnenschutzbrille. Von ihr geschützt, braucht man sein Gesicht nicht in Falten zu legen und man schont die Augen ungemein. Eine schöne Brille mit ZEISS-UMBRAL-Gläsern läßt den Feriengast alle sonnigen Tage genießen." Originalton Zeiss, 1953.

eine Metallbrille in direkter Nachfolge der tropfenförmigen Pilotenbrille von Ray-Ban vorstellt, die als „Florida 1108" in extra stark vergoldetem Hartnickel mit ziselierten Rändern und Bügel bis 1963 im Programm war und damit zum ersten Langläufer der Nachkriegszeit wurde. Trotzdem blieb der deutsche Sonnenbrillenträger Vertrautem treu, denn das Modell „Lord" aus braunem Kunststoff war zwar von 1953 bis 1961 sehr beliebt, blieb aber traditionellen Formen verbunden. Neben der pantoskopischen Glasform, die durch Betonung des Bügelansatzes leicht in Richtung Schmetterlingsbrille getrimmt werden konnte, entwickelte sich in der deutschen Produktion bereits 1953 eine Glaskontur mit nur leicht gebogenen Längsseiten in Form eines liegenden Trapezes, dessen größte Breite der Außenrand bildete. Für Herren als „Modell M", für Damen als „Modell F" mit und ohne Metallbügel, galt diese neuartige Form durch die großen Abmessungen als besonders sichtfreundlich.

Langsam konnte auch der Durchschnittsbürger an einen Urlaub in sonnigen Gefilden denken, wie die Namensgebung „Lido" (1954-63) für eine vergoldete Metallfassung lockte. Werbung tat Not, und es schien wohl glaubhaft, daß hauptsächlich Schauspieler ihre Freizeit am Strand oder im Schnee verbringen, wie ein amüsantes Reklamedokument um 1957 aus dem Haus Rodenstock versichert. Internationale Filmstars wie Sophia Loren (mit einer „Sorbona"), Brigitte Bardot (bevorzugte während ihrer kurzen Ehe mit Jacques Charrier, der ebenfalls werbend auftrat, die „Sirolux" mit Eloxalbügeln und Eloxalschmuckbacken) oder Marianne Koch („Meine 'Sirona' ist mir ein unentbehrlicher Begleiter geworden auf allen Reisen, beim Sport, bei der Gartenarbeit (!) und natürlich beim Filmen im Atelier") versuchten, die Sonnenbrille als Vorbild zu propagieren. Bei den damals von Rodenstock neu entwickelten Perfa-Color-Gläsern, deren Oberfläche mit dünnen Spezialschichten unlösbar bedampft wurde, braun-gelblich getönt waren und selbst graue Nebeltage freundlich wirken ließen, wurde erstmals eine verlaufende „graduelle" Beschichtung vorgestellt, die nach unten hin heller war und dem Autofahrer den Wechsel zwischen dem Blick auf das Amaturenbrett und die Straße erleichterten. Zeittypisch waren auch Telecolor-Gläser, die vor der Flimmerkiste getragen werden

Werbung aus dem Jahr 1953, Zeiss

sollten, die eben ihren Siegeszug in deutsche Wohnzimmer angetreten hatte, denn sie „tun den Augen wohl und erhöhen das Vergnügen am Fernsehen."
Für das Modell „Solista" fand sich kein Filmstar zur Werbung, und es bleibt offen, ob damit die berufstätige Frau, die in der Nachkriegszeit eine neue Rolle in der Gesellschaft eingenommen hatte, weiterhin allein durchs Leben gehen sollte, aber „mit offenen Augen die Sonne genießen" durfte. Das eher schlichte Modell mit der angedeuteten Schmetterlingsform, das ab 1957 in den Handel kam, spricht für ein erstes Auslaufen jener spontanen Begeisterung der Brillenträger für Neues und Ausgefallenes. Aktuell wurden kombinierte Fassungen mit einer Doppelbrücke aus Doublé mit Kunststoffbalken wie „Sorbona", die sich mehr durch die Qualität des Schutzglases auszeichneten als durch modische Akzente. Diese etwas unentschlossene Formgebung hatte den Vorteil, daß die Brille bei Kurt Jürgens „männlich markant" wirkte, aber ebenso von Damen getragen werden konnte.

Werbung für Sonnenbrille „Solista", um 1957, Rodenstock

Der Trend zur Sonnenbrille setzte sich im Laufe der 60er Jahre fort. Das wohl bekannteste Beispiel einer Sonnenbrille aus dieser Zeit ist das übergroße Modell von Audrey Hepburn in dem Film „Frühstück bei Tiffany". Gleichzeitig gab es aber zu Beginn der 60er Jahre wieder einen bedeutenden Trendwechsel. Metall kam auf und tat damit der neuen Sachlichkeit eines technikorientierten Dezenniums genüge. Die Metallfassungen waren meistenteils trapezförmig.
Die barocken Formen verschwanden entsprechend für's erste in der Versenkung, doch dafür kamen um 1967 übergroße Sonnenbrillen in Mode. Die Modelle waren vielfarbig und auch das Glas changierte in allen Spektralfarben. Das französische Modehaus Christian Dior gehörte zu den ersten, die diese monströsen Sonnenbrillen anbot. Schließlich gab es kein Pariser Modehaus mehr, daß nicht seine eigene Sonnenbrillen-Kollektion lancierte. Als besonders kreativ zeigte sich dabei André Courrèges, der mit seiner Mondmädchenbrille absolut Furore machte. Statt Glas hatte die Brille nur schmale Sehschlitze. Modernistische Pop-art schlug sich in schwarzweiß gefelderten Kunststoffmodellen nieder, die heute wieder imitiert werden. Noch während man, unterstützt von der Besatzung des Raumschiffs Orion, an die positive Dominanz der Technologie in der Zukunft glaubte, meldeten

sich erste Gegenstimmen zu Wort. Als Flower-Power in der Mode kurz, aber unvollständig charakterisiert, engagierten sich Künstler wie die französische Schlagersängerin Sylvie Vartan nicht nur politisch. Sie wurde auch eines der Vorbilder aller Blumenkinder der Welt. „Make Peace not War" spricht aus dem blütenblatt-geränderten Brillenmodell aus dunkelrotem Kunststoff, das unter ihrem Namen hergestellt wurde. Die Namensgebung ist auch eines der ersten Beispiele für personality-Produkte, die in der Folge reihenweise Prominente dazu anregten, ihren Namen außerhalb des persönlichen Tätigkeitsbereiches werbewirksam einzusetzen. Studenten hingegen bevorzugten auch bei Sonnenbrillen die schlichte Nickel-Fassung um ihren Intellekt vor der Sonne zu schützen. So um 1978 begann auch das Revival der Metallbrillen. Und wenn die Modelle nicht aus Metall gefertigt waren, hatten sie zumindestens eine raffinierte Metallic-Lackierung.

Gleichzeitig wurde es schick, die Sonnenbrille nicht nur auf der Nase zu tragen, sondern auch als Accessoire im Haar. Die Alternative dazu bestand darin, sie mit einem Bügel ins Dekolleté oder ins aufgeknöpfte Hemd zu stecken. Abgelöst wurde diese „Mode" erst in den 80er Jahren, als die Plastikkettchen und später die Bändchen in allen Farben zum Muß wurden.

Eine optische Weiterentwicklung waren Gläser mit automatischer Anpassung an die Lichtverhältnisse, die unter den Bezeichnungen Colormatic (Rodenstock) und anderen vertrieben wurden. Die erste Generation dieser phototrophen Gläser wechselte durch eingeschmolzene Kristalle ihre Tönung allerdings binnen langer 15 Minuten, für eine flotte Fahrt auf einer Autobahn mit Tunnels war sie deshalb nicht geeignet. Die Vermarktung der Namen von Luxuskarossen für Sonnen- und Korrekturbrillen diente vor allem den Herren der Schöpfung fortan als Metapher für Männlichkeit. Jaguar-, Porsche- und Carrera-Brillen setzten neue Maßstäbe, ...für Männer, die mitten im Leben stehen, die wissen, was sie wollen."

Doch hinter mancher Entwicklung steht mehr als vermutet. Noch bevor Ferdinand Alexander Porsche 1972 sein gleichnamiges Design Studio gründete, hatte der Enkel des legendären Volkswagen-Konstrukteurs an der Hochschule für Gestaltung in Ulm studiert und war in der Designabteilung der Stuttgarter Bosch-Werke tätig. Bereits die Formen des Porsche „Carrera 904" (1963) und des heute zum Klassiker avancierten

Kurt Jürgens mit Modell „Sorbona" um 1957, Rodenstock

Damen-Sonnenbrille „Sylvie Vartan", Frankreich, um 1968, dunkelroter Kunststoff

Damen-Sonnenbrille, Frankreich, Ende 60er Jahre, schwarz-weißer Kunststoff

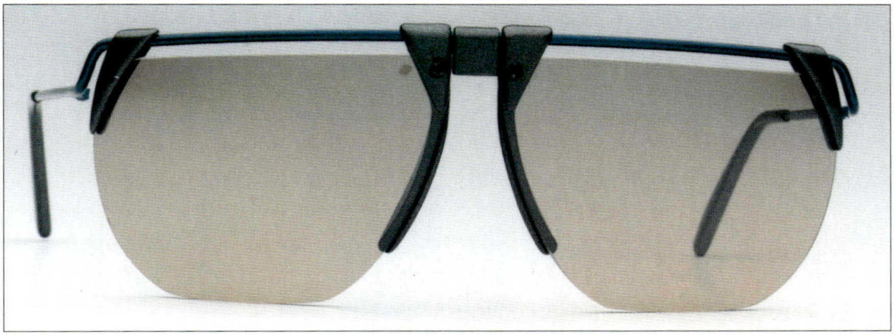

Sonnenbrille „SS 1758", 1986, Rodenstock

Porsche „914" (1969) sind unter anderem ihm zu verdanken.
Porsche-Design by Carrera zeichnet sich seit 1978 durch das System aus, Fassungen und unterschiedlich gefärbte Gläser untereinander austauschen zu können. Mithilfe einer unverwechselbaren und dadurch zum Markenzeichen gewordenen Spannklammer über dem Steg ergeben sich so unzählige Variationen. Doch kein System ist so perfekt, daß es nicht verbessert werden könnte, wie der mit den Gläsern und Fassung plane Klippmechanismus, der kürzlich auf den Markt kam. Porsche ist auch die millionenfach kopierte Klappbrille zu verdanken, die zwischen den tropfenförmigen Gläsern sowie in der Mitte der Bügel stabile Scharniere besitzt. Als funktionaler Entwerfer wandte sich Porsche auch dem alten Problem der Nasenauflage zu und entwickelte einen Nasensteg, der nicht an der Fassung, sondern an der Brücke montiert und dadurch seitlich flexibel ist. „Er analysiert die Dinge, reduziert sie, verbessert sie und paßt sie dem Menschen an, nicht umgekehrt." Form und Funktion rückten in den letzten Jahren wieder enger zusammen und führten zu reduzierten, sparsameren Modellen der Sonnenbrille. Steg und Gläser optimal unter geringem Aufwand zu verbinden, gehörte zum Anliegen der Entwerfer, die dafür überzeugende Vorschläge entwickelten, wie die „SS 1758" von Rodenstock.
Noch kehrte man nicht in die dunkle Vergangenheit – sprich Anleihen bei früheren Jahrzehnten – zurück, wohl aber zur Farbe Schwarz für Fassungen, diesmal aber mattschwarz auf Metall, um dadurch mögliche Lichtreflexe auszuschalten.
Der Verletzungsgefahr beim Sport durch Glasbruch kamen Kunststoffgläser entgegen (z. B. Zeiss-Claret), die außerdem federleicht waren und beliebig gefärbt werden konnten.
Das Tempo im Sport holte auch den alten Gespinstbügel wieder aus der Versenkung

„The Exclusiv" von F. A. Porsche, Metallfassung mit Clipmechanismus zum Auswechseln der Gläser

hervor, der die Fassung in einer festen und konstanten Stellung vor den Augen hielt. Dem Problem nahmen sich auch die Competition-Serie von Zeiss oder die Cazal 955 an. Die auswechselbaren Bügel bieten für jede Sportart den richtigen Sitz. Bei Cazal ist der seitliche Windschutz, der in einem rahmenartigen Bügelansatz eingepaßt ist, herausnehmbar. Dann kann der Bügelsteg in Gleitschienen an der Innenseite dieses Rahmens nach vorn geschoben, gekantet und herausgenommen werden. In entgegengesetzter Reihenfolge wird nun das Endstück des Gummibandes eingeklickt, das auf dem Hinterkopf mit einem neu konstruierten Clipmechanismus geschlossen wird. Für Sportarten mit abrupten Bewegungen ist die Brille dann bestens geeignet. Designernamen wie Cazal, Alain Mikli, Luigi Colani, Giorgio Armani und andere sorgen für ausgefallene Formen. Die Vorreiter-Rolle der Sonnenbrille als modische Trendsetter ließ jedoch nach, da mittlerweile die Korrektionsfassungen für den Alltag ebenso ausgefallen, ja manches Modell von Anfang an für Tages- und Sonnenbrille gleichermaßen entworfen wurde. Deshalb liegt das Schwergewicht der Entwicklung heute eher auf Verbesserungen der optischen Funktion der Gläser, die für „besseren Durchblick" sorgen soll. „Skylet-Gläser" von Zeiss bilden hier im Moment den neuesten Stand der Technik: Wer sie vor Augen hat, nimmt Lichtkonstraste sehr viel stärker war. Das Kunststoffglas hat eine High-Tech-Färbung, die dem menschlichen Auge überlegen ist. Sie dämpft den übermäßigen Blau-Anteil im Sonnenlicht, der die übrigen Lichtanteile überlagert. Dadurch werden Farben auch bei diesigem Wetter besser wahrgenommen. Die Funktion der Sonnenbrille besteht nicht nur im Schutz vor dem grellen Sonnenlicht, sondern auch vor dem Blick der Öffentlichkeit. Gealterte Filmstars nutzen die Sonnenbrille zur Mystifikation, Mitglieder des von der Presse gejagten Adels, Stars und Mitglieder des Jetsets sowie von der Polizei verfolgte Gangster versuchen ihre Identität hinter den dunklen Gläsern zu verbergen.

Die undurchsichtige Brille lockt die Blicke auf sich und läßt den außenstehenden Beobachter Vermutungen anstellen. So gesehen ist die Sonnenbrille eigentlich nichts anderes, als die Masken des 16. Jahrhunderts und die Fächer des 18. Jahrhunderts. Krönung dieser Schöpfung ist die Spiegelbrille. Sie gibt nichts anderes preis als die Indiskretion in den Blicken der Neugierigen.

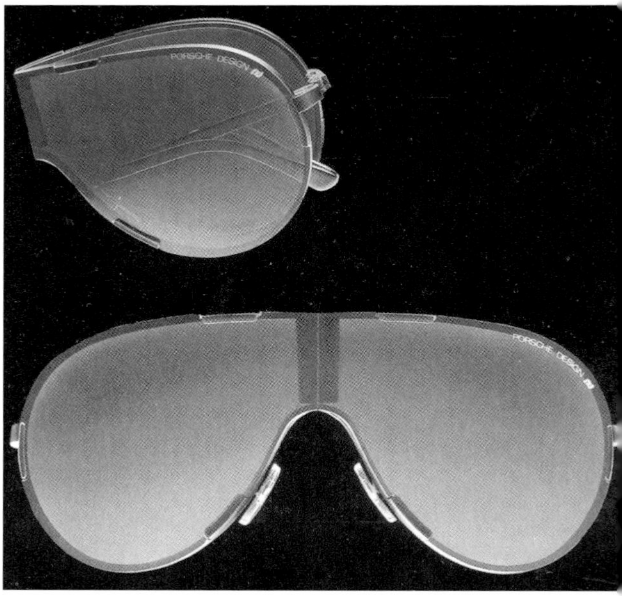

„The Folding" von F. A. Porsche, häufig kopierte Faltbrille

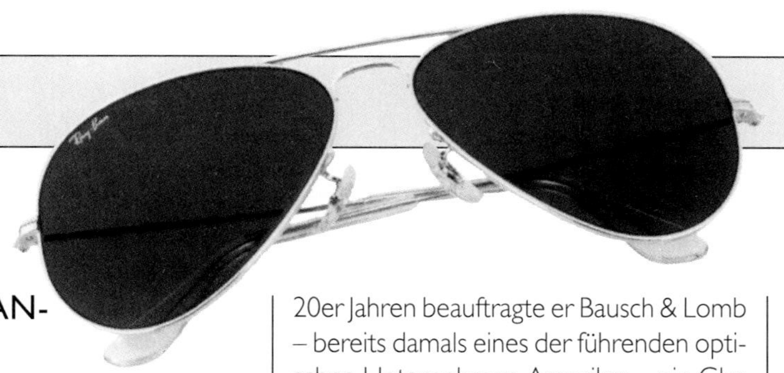

Der absolute Klassiker: Ray-Ban „Large Metal", goldfarbenes Metall, Bausch & Lomb

DIE RAY-BAN-STORY

In unserem Jahrhundert gelang es einer Sonnenbrille, tatsächlich Geschichte zu machen. Die Rede ist von der Ray-Ban aus dem amerikanischen Hause Bausch & Lomb. Eigentlich war die amerikanische Erfolgsstory zur Hälfte ein Ergebnis deutschen Unternehmertums. 1853 gründete der deutsche Emigrant John Jacob Bausch, der in einem Optiker-Fachgeschäft in Rochester/Washington europäische Brillen verkaufte, mit seinem Partner Henry Lomb die heutige Firma. Zu den wichtigsten Innovationen der Zeit zählt seine Perfektionierung der Formbarkeit von vulkanisiertem Gummi, aus dem Brillenfassungen hergestellt wurden, die sich als beständiger, langlebiger und preisgünstiger als die damals üblichen Goldmetall- und Hornfassungen erwiesen. 1920 kamen die ersten Sonnenbrillen auf den Markt, deren Gläser in drei unterschiedlichen Farbabstufungen angeboten wurden. Sechs Jahre vor Charles Lindbergh's historischem Flug gelang es einem US Army Corps Piloten namens John MacCready non-stop über den Atlantik zu fliegen. Doch während Lindbergh dauerhaften Ruhm erlangte, geriet MacCready's Flug mit einem Luftschiff in Vergessenheit. Dafür gelang ihm etwas nachhaltigeres. In den späten 20er Jahren beauftragte er Bausch & Lomb – bereits damals eines der führenden optischen Unternehmen Amerikas – ein Glas für die Schutzbrillen von Piloten zu entwickeln, das die Eigenschaft hat, die grelle Helligkeit in großen Höhen wirksam abzublocken. Das Ergebnis war das heute so berühmte, grüne Ray-Ban-Glas. Ein absorbierendes Glas, das die ursprünglichen Anforderungen von MacCready bei weitem übertraf und die Air-Force-Flieger mit ihren Schutzbrillen nicht nur vor grellem Licht schützte, sondern zusätzlich vor den schädlichen Auswirkungen von ultravioletten und infraroten Sonnenstrahlen bewahrte. Eingepaßt in Brillenfassungen aus Kunststoff wurden die sogenannten Anti-grelles-Licht-Brillen ein dauerhafter Erfolg und erhielten schließlich 1937 den Markennamen Ray-Ban. Im Auftrag der US Air Force stellte Bausch & Lomb gleichzeitig eine Metallbrille unter dem Namen Ray-Ban „Aviator" ausschließlich für Piloten des amerikanischen Militärs her. Unter der Bezeichnung „Large Metal" begann ihr Siegeszug als sportliche Sonnenbrille für jedermann. Ohne Frage handelt es sich bei der Ray-Ban „Large Metal" um einen Brillenklassiker, dessen einfache Verbindung von Form und Funktion nie einer Verbesserung bedurfte. Die original Ray-Ban „Large Metal" war ursprünglich aus 12karätigem Gold und hatte graue, weit nach unten gezogene, bruchsichere Gläser, die von einer gebogenen Brücke und einem zusätzlichen, geraden Steg verbunden wurden. Die Außenlinie der Brille stimmte exakt mit dem Umfang des menschlichen peripheren Blickfeldes überein. Sollten Sie also im Besitz eines sol-

Ray-Ban-Pilotenbrille „Aviator" im Einsatz

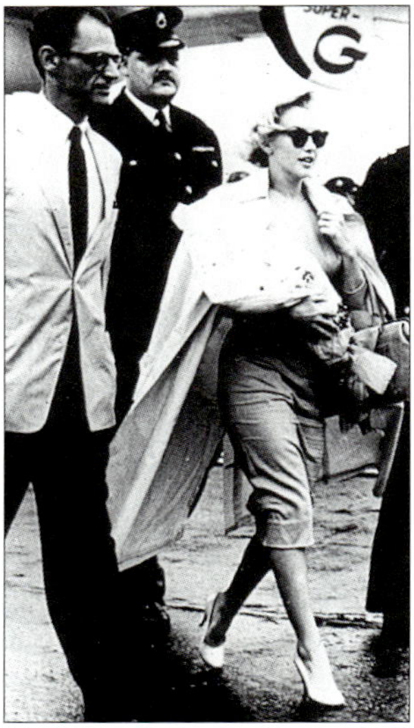
Marilyn Monroe mit einer „Wayfarer" von Ray-Ban 1956 auf dem Londoner Flughafen

chen „Goldstücks" sein, dann hüten Sie es wie Ihren Augapfel, denn so etwas gibt es heute nicht mehr. Doch sie muß aus jener Zeit stammen, als die Marines als Befreier, die Care-Pakete als Not-Löser und Coca Cola als Sinnbild eines neuen Lebensgefühls deutsche Herzen erobert hatten. Die erste einheimische Rezeption dieses Klassikers gab es 1952 von Rodenstock mit dem Modellnamen „Florida". Bereits in den 50er Jahren galt die „Large Metal", die es in einer schmaleren Variante auch als „Small Metal" gab, gleichermaßen als Herren- und Damenmodell. Neben dem Klassiker unterscheidet man zwei weitere Modelle: bei „Outdoorsman" hat ein waagerechter, kunststoffumhüllter Metallbügel die Aufgabe, den Stirnschweiß von den Augen fernzuhalten. Und bei „Shooter" sind die Gläser soweit zusammengrückt, daß ein kleiner Ring genügt, die Verbindung zwischen den Fassungen und dem geraden Steg darüber herzustellen. Bei den Bügeln kann zwischen einer abgeknickten Standardform, einem Steckbügel und einem halbrunden, beweglichen Gespinstbügel gewählt werden.

Zwar hat sich die Form nicht geändert, doch die Fassung ist nur noch mit Gold überzogen, bei deren Herstellung nicht die übliche Tauch- oder Färbetechnik angewandt wird. Die Fassungen werden mit einer 24 Karat Gold- oder Schwarzchromschicht galvanisch beschichtet. Das Grundmaterial ist in seinen Legierungsbestandteilen so zusammengesetzt, daß es einerseits Stabilität und andererseits Anpassungsfähigkeit besitzt. Übrigens. Peter Fonda war es, der die Ray-Ban 1969 in dem Film „Easy Rider" wahrhaft zum Kultobjekt stilisiert hat – Helden und harte Männer hatten gar keine andere Wahl. Aber auch junge Frauen begannen sich mit der Ray-Ban zu schmücken. Die Zahl der Kopien und Nachahmungen ist nicht zu benennen. Wer auf eine lange Geschichte zurückblicken kann, darf natürlich auch kein Jubiläum auslassen. 1987 wurde die „Outdoorsman" mit modernen RB-50 Gläsern als „General" dem Publikum vorgestellt. Sie feiert und ehrt General Douglas MacArthur, Hauptkommandeur der vereinigten Streitkräfte im Pazifik während des Zweiten Weltkriegs. Er war einer der ersten und berühmtesten Träger dieser Ray-Ban-Sonnenbrille. Sein persönliches, gold gefaßtes Exemplar befindet sich heute in einem Museum in Norfolk, Virginia. Und noch ein Modell aus dem Haus Bausch & Lomb, entworfen von Ray Stegman, machte seit 1953 Furore: Die „Wayfarer" ist heute

Ray-Ban „Shooter", Werbung der 50er Jahre

ORIGINAL UND FÄLSCHUNG

Kaum eine Sonnenbrille wurde so häufig kopiert und gefälscht, wie die Ray-Ban. Liegt der Preis weit unter dem Niveau des Originals, ist das fast schon die Antwort. Clevere Fälschungen dagegen kosten oft ebenso viel wie das Original. Echte Ray-Ban Brillen sind auf beiden Seiten des Stegs der Fassung bezeichnet. Das wichtigste Erkennungsmerkmal ist das diskret eingegravierte B&L Symbol an der äußersten Ecke jedes Glases. Lassen Sie sich nicht von lediglich aufgedruckten Bezeichnungen täuschen.

ebenfalls ein Klassiker. Zeitgleich mit der Geburt des Rock'n-Roll war das großflächige, dunkelbraune Gestell mit leicht geschwungener Augenbrauenlinie und betontem Bügelansatz von Anfang an der Beschützer vieler prominenter Augen. Eine der ersten Stars, die sich mit der Brille zeigten, war Marilyn Monroe.

Damit war der Weg zur Kultbrille Hollywoods per se offen. John Belushi und Dan Akroyd als „Blues Brothers", Don Johnson in „Miami Vice" und Jack Nicholson als der Spieler in „Batman" machten sich dieses Image zunutze. Trotzdem ist es ein hoffnungsloses Unterfangen, die Träger der „Wayfarer" sozio-demografisch und psychographisch einzukreisen. Die Brille steht für Lifestyle und Kultobjekt, doch gelang es selbst den Marktforschern des Herstellers nicht, diese Gruppen näher zu definieren. In den 80er Jahren wartete die „Wayfarer" mit Variationen auf, eine größere Version, verspiegelte Gläser und Leder-Applikationen folgten. Nur ein Jahr auf dem Markt war die bunte Sonderkollektion anläßlich der Olympischen Spiele 1992. Zum 40. Geburtstag gab es 1993 eine Spezialausgabe, bei der im linken Bügel folgender Text eingeprägt ist: WAYFARER 40 YEARS / SPECIAL EDITION.

Wie bei den Metall- werden auch bei allen Kunststoff-Fassungen in der Herstellung besondere Maßstäbe gesetzt. So werden diese zehn Tage lang in einer Mischung aus Holzfasern und einer Politurzusammensetzung poliert. Auch bei Bausch & Lomb brachte der Blick in die Vergangenheit Neues hervor. Aus den frühen Jahren des 20. Jahrhunderts, als das Unternehmen hauptsächlich Korrekturfassungen herstellte, wurden Modelle wieder eingeführt, deren Produktion schon vor langem eingestellt worden war. Ein gutes Beispiel ist die „Round Metal", die erstmals 1928 gefertigt und in Doublé oder Massivgold angeboten wurde. Auch die ehemals aus halb Schildpatt, halb Goldrand, heute als Kombifassung bezeichnete „Clubmaster" wurde in diesen Jahren entworfen und gehört wieder zum aktuellen Programm. So kann man heute unter einer ganzen Reihe von Gläsern und Fassungen auswählen, wenn man eine Ray-Ban haben möchte.

„Mayfarer 40 Years", Special Edition 1993, Bausch & Lomb

A FACE IS LIKE A WORK OF ART – IT DESERVES A GREAT FRAME

Die Geschichte von l.a.Eyeworks begann 1979 und ist nicht einfach nur eine Geschichte, sondern eine typische Erfolgsstory made in USA, die sich im sonnigen Hollywood, Melrose Avenue, abspielt. Wer jedoch die berühmte Story vom Tellerwäscher erwartet, der täuscht sich, denn erstens handelt es sich nicht um einen Tellerwäscher, sondern um drei kreative Damen, und zweitens geht es nicht um irgend etwas, sondern um Brillen.
Gai Gherardi, Barbara MacReynolds und Margo Willits sind wohl Amerikas bedeutendste Brillenschöpferinnen, die ihr gemeinsames Ziel auf einen Nenner bringen: „Ein Gesicht ist wie ein Kunstwerk – es verdient einen tollen Rahmen". Entsprechend dieser Philosophie lautet denn auch ihr Gründungsmotto: „Visionen ohne jede Zensur".
Daß dabei nur ungezügelte Kreativität herauskommen kann, beweist die Tatsache, daß Elton John, Rock-Musiker und unser Brillensammler-Beispiel aus der Einführung mit exentrischem Geschmack zu ihren Kunden zählt.
Filmausstattungen für „Thelma & Louise" oder „Bladerunner" brachten rasch Publicity und persönliche Verbindungen zum Show-Biz, die sich in einer konsequent verfolgten Werbestrategie niederschlugen. Ausschließlich schwarzweiß lichtete der kalifornische Fotograph Greg Gorman die Berühmtheiten ab, die sich bei l.a.Eyeworks den Sonnenschutz besorgten. Arnold Schwarzenegger bevorzugte die dezente „Fresno" von 1986. Andy Warhol die „Lax" (1985) und Brigitte Nielsen, Madonna, Sonia Braga, Divine, Grace Jones und der Autor dieses Buches nennen mehrere Brillen von l.a.Eyeworks ihr eigen. Auch die Laden- oder Standgestaltung in Los Angeles wurde Künstlern übertragen, darunter Jim Reva. Die so geförderten Künstler geben andererseits ihre Anregungen wieder an das Designteam weiter.

Herrenbrille mit Sonnenaufsatz „Otto", Italien 1988, geschwärztes und ziseliertes Metallgestell, l.a.Eyeworks

Was stand am Anfang: Die „Wayfarer" und die „Clubmaster" von Ray-Ban, die damals kein anderes Geschäft in Amerika führte und auch Bausch & Lomb nicht mehr produzierte, gehörten bis 1981 zu den Modellen, die von den drei Damen neben eigenen Kollektionen in ihrem Laden angeboten wurden. Durch ihren „Auftritt" in dem Film „Blues Brothers" leitete die „Wayfarer" ihr rasantes Comeback ein. 1982 begann man Ray-Bans zu mattieren und damit eigenständig zu verfremden.
Auch die Renaissance der Clip-Brille ist l.a.Eyeworks bereits 1984 zu verdanken, die eine Nylorfassung mit auswechselbarem Sonnenschutz anboten. Bald folgten Voll-

Brille „Hula", schwarz weißes Schichtlaminat, l.a.Eyeworks

Brille „Rio", Kunststoff mit Aluminium, l.a.Eyeworks

randbrillen in bunten Farben, die das Material verfremden (antikbronze, aber auch -blau, -rot, -grün und antikviolett). Die folgende Übersicht dokumentiert die derzeitige Vielseitigkeit, die vor allem von Gai Gheradi geprägt wird.

„Burbank": Null-Design mit Klemmstegen, die wieder aus der Versenkung geholt wurden. Die Gläser wurden für Filmaufnahmen speziell flach gehalten, damit es nur eine Reflexebene gab. Daß daraus eine Streetfashion wurde, hat nicht nur die Entwerferin überrascht.

Mit der „Padre" (1990), die oben aus Stahl besteht, der mit Laser ausgeschnitten und dann hinten am Augenrand angesetzt wird, begann eine Techno-Romatik im Stil des Zeitgeists. Ein Schreckdesign für andere Hersteller ist die 1990/91 entstandene Brille „Bondor", deren Fassung rundum aus Schließblöcken besteht, anstatt sie hinter dem Scharnier zu verstecken. „Wer will, kann alles machen", meinte damals Gai Gherardi. Innen am Bügel befindet sich übrigens, vergleichbar mit einem „Ersatzknopf" edler Herrenhemden, ein zusätzlicher kleiner Schließblock mit Ersatzschraube.

Hinter jeder der Brillen steckt eine kleine Geschichte, frei nach Eichendorff. „Es steckt ein Lied in jedem Ding." „X-O-X", 1992, sind nicht nur aus Stahl mit Laser ausgefräste Buchstaben zwischen Glasfassung und Brauenrand, sondern bedeuten „love and kisses."

Als ein fulminantes Revival des Sechsschichtlaminats der 60er Jahre, das eigens wieder für l.a.Eyeworks hergestellt wurde, erwiesen sich folgende Lösungen. „Hula" bezeichnet man als die erste und einzige Kunststoffbrille, deren Steg dem einer Metallbrille nachempfunden ist. Die Pads wurden in 3-D aus dem Material herausgearbeitet und lassen die Streifung in Weiß, Rot und Gelb deutlich erkennen. Auch die „Rano" lebt von der Frästechnik aus Schichtlaminat. „Jake & Chisel" entstanden aus der „Rio" mit oben angesetzten Aluminiumecken ohne Verschraubung, die nur aufgeklemmt werden müssen. Dafür wurden sie allerdings so fein aus dem Material herausgearbeitet, daß man sie wie einen Schuh aufstecken kann. Darunter das Schichtlaminat, aus dem die Form des Aluminiumschuh aus der obersten Schicht herausgefräst wurde.

„Chino" (1991) hat ein außerordentliches Design. Es entstand anläßlich einer Reise der Designerin Gai Gherardi nach Barcelona. Besonders von der Architektur Antonio Gaudís fasziniert, studierte sie kleinste Details der Bauten und setzte sie zu einem Fräsmuster um, das mit optischer Irritation arbeitet. Je dünner die Fassung wird, desto enger rücken die Strichelungen zusammen. An breiteren Stellen, wie am Bügelansatz tritt der umgekehrte Effekt ein. Ein spezielles Markenzeichen von l.a. Eyeworks waren

Brille „Molly Million", Kunststoff mit Aluminium, l.a.Eyework

die runden Bügelenden. Das kam daher, daß die Designerin in ihrem Laden ein kleines Terrarium mit südafrikanischen Fröschen besaß, die an der Scheibe hochgelaufen sind. Aus den Füßen der Frösche entwickelte sich als eine Art „biomechanisches" Design die runde Form der Bügelenden. Da eine aufwendige anantomische Anpassung durch die runde Druckauflage entfällt, haben viele Hersteller dieses Motiv kopiert. Im Zuge der Ökologie verwendet man außerdem Korkpads wie früher.

„Yab", „Nob" und „Rit" sind Halbbrillen, deren Namen von Vollmodellen abgeleitet sind, deren Bezeichnung „Bombay", „Bondo" oder „Amrit" (1990) eben halbiert wurde.

„Carmen" war inspiriert durch einen Vertreter der Firma in Frankreich, der Opernsänger war. Ihren Bühnenauftritt hatten zugleich die Modelle „Caruso", „Bolero". Gemeinsames Kennzeichen: Die Teile zwischen der oberen Augenbraue und dem Glasrand sind handgearbeitet. Insgesamt weist die Metallbrille „Carmen" 29 Lötstellen auf. Da dieser Aufwand keine Massenproduktion erlaubt, wurden inklusive aller Farbvarianten nur etwa 1000 Stück dieser Form gefertigt.

Die Fassung „Million" war dagegen so einfach, daß man glaubte, davon eine Million Stück abzusetzen. Obwohl das natürlich nicht ernst gemeint war, da alle Brillen praktisch in limitierter Auflage hergestellt werden. Insofern limiert von der Stückzahl her, als daß gar keine großen Serien gemacht werden, weil weltweit nur ausgesuchte Händler beliefert werden. Die Zusatzbezeichnung „Molly" kommt von der amerikanischen Comicfigur gleichen Namens, der großen Magicwoman aus Eisen, deren verspiegelte Augen durch alles hindurchsehen können. Transvisibility auf der Nase.

Bei der Brille „McCoy" liegt der Witz in der Namensgebung. Es gibt eine amerikanische Geschichte, in der die McCoys gegen die Hatfields kämpfen, weil die einen etwas haben, was die anderen besitzen wollen. Die McCoys sind immer die Originale und die Hatfields sind immer die, die alles nachmachen. Deshalb weiß jeder, was mit dem Spruch „the real McCoy" gemeint ist – eben das Original. Und da in Amerika eben alles größer ist als anderswo: „Ver Amor" ist eine maßstabsgerechte Sonderanfertigung des Modells „Magda" für die Freiheitsstatue in New York und wurde ihr anläßlich ihrer Hochzeit mit Big Boy, wieder einer Ikone des amerikanischen Comics, geschenkt. „Magda" war 1990 vom

Brille „Chino", gefrästes Schichtlaminat, l.a.Eyeworks

Entwurf her als Bemalung oder Maske der Augenbrauen gedacht. Dem Sammler bleibt ein kleiner Trost, wenn er eines der 60 aktuellen Modelle zu kaufen versäumt, so findet er es in l.a.Eyeworks eigenen zwei Museen.
Während eine Kollektion über fünfhundert verschiedene Brillen umfaßt, die Gai und Barbara gemeinsam ersammelt haben, umfaßt die zweite Sammlung ins besondere Unikate, die speziell für l.a.Eyeworks von so namhaften zeitgenössischen Künstlern wie Thomas Mann – nicht zu verwechseln mit dem Schriftsteller Thomas Mann – Hilary Beane, David Spada und Vicki Ambery-Smith kreiert wurden.

SWATCH EYES

Seit Oktober 1991 sorgt eine neue Sonnenbrillen-Kollektion für Aufsehen. Gleichzeitig etablierte sich damit ein neues Kultobjekt und Spezialgebiet für Brillensammler: die Swatch eyes. Das Prinzip ist ganz einfach und wurde bereits um 1957 bei randlosen Brillen vorgeschlagen, deren Augenbrauenrand mit einer Klammer auswechselbar war und verschiedene Farben besaß. Doch diese bescheidene Möglichkeit der Variation ist längst Vergangenheit. Dem vorwiegend jugendlichen Kreis der

Swatch eyes Christmas Special „Fire and Eyes", Winter 1992

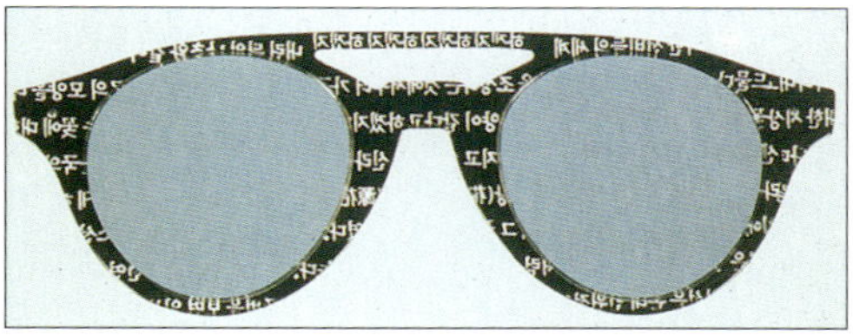

Swatch eyes „Bon Colle" für Modell 718, Sommer 1993

heutigen Swatch-Fans bietet das Schweizer Unternehmen Swatch und die deutsche Ferdinand-Menrad-Gruppe neben den poppig-bunten Armbanduhren einen Sonnenschutz besonderer Art. Der Kunde erwirbt ein Basisgestell aus hochwertigem, rostfreiem Stahl in silbergrau/transparent oder schwarz mit Bügeln aus schwarzem oder transparentem, gespritztem Kunststoff. Dazu gehören pro Kollektion fünf unterschiedlich geformte Gläserfassungen in vier verschiedenen Farbstellungen, die vor das Basisgestell geclippt werden und entweder aus Stahl oder Acetat mit integrierter Folie bestehen. Die Formen reichen von poppig bunt bis klassisch uni, also für jeden Tag und jede Stimmung etwas passen-

„Ver amor" für die Freiheitsstatue im Hafen von New York, l.a.Eyeworks

des. Jeder einzelne Clip erhielt einen Namen, der Mode und Zeitgeist widerspiegelt. Der Lichtschutz variiert je nach Clip in vier Varianten zwischen leicht (50-60%) bis extrem (80-90%). Allein in den ersten acht Monaten nach Einführung gingen acht Millionen Swatch eyes über den Ladentisch! Doch keine Serie ohne Höhepunkte: Bisher gab es zu Weihnachten jedesmal eine „Christmas Special", die besonders für spektakuläre Auftritte gedacht und auf 4999 Stück limitiert ist.
Damit ist der Vielfalt aber noch lange keine Grenze gesetzt, denn bis jetzt hat Swatch eyes pro Jahr zwei Kollektionen herausgebracht.

DIE ULTIMATIVE SAMMLERLISTE

Form 710
(seitlich hochgezogene Schmetterlingsform): Tigress, Flower Power, Baghira, Rio Mio, Spanish Lady, Ballerina, Fleurt, Dynamic Arrow.

Form 711
(rund mit eckigem Bügelansatz): Clear Cut, Geo Bouquet, Keep Cool, Wind Blow.

Form 712
(rund mit geradem Augenbrauenrand): Camouflage, Straight Lines, Sea Garden, Little Man.

Form 713
(kreisrund mit geradem Steg): Eyes Baby, Toy for Joy, Frozen Dream, Pop-Eye, Lou-Lila, All-rounder, Bloody Mary, Shoe-Time.

Form 714
(High-Tech mit Spiralsteg): Rollercoaster, Steel Life, Featherweight, Red Spring, Golden Curle, Spance Mint, Iron Heart.

Form 715
(eckiger Bügelansatz mit übergreifendem Steg): Lonely Hero, Jing & Jang, Greenhorn, Fit for fun I, Tarfa, Red Head, Fit for fun II, Happy Gero.

Form 716
(wie 715, aber ohne Steg): Black Beauty, A la Mode, No Way Out, Lucky Eyes.

Form 717
(wie 714, zusätzlich Seitenschutz): Snow Bucc.

Form 718
(leicht ovale Gläser): Hinky Dinky, Green Orbit, Landy Wall, Bon Colle.

Form 719
(breite Brücke und dünner Steg): Black John, Barbarossa, Second View, Terracotta.

Form 720
(rechteckige Gläser): Primadonna, Crazy Grant, Petit Point, Love Letters.

Form 721
(rund mit abgesetzter Brücke): Fire Drops, Black Monday, Hurlibird, Extra Light.

INTERVIEW

MIT EINEM SAMMLER

Interviewpartner:
Herbert Kurzenberger von der Münchner Großhandelsfirma Kurzenberger und Braun.

Wieviele Brillen besitzen Sie?

Die Sammlung umfaßt im Moment etwa 2000 bis 2500 verschiedene Modelle ab 1880, viele aus der Zeit um die Jahrhundertwende und natürlich Beispiele der Gegenwart.

Seit wann sammeln Sie?

Etwa um 1970 habe ich begonnen, außer der Handelsware auch ausgefallene oder seltene Modelle zu sammeln.

Wie sind sie darauf gekommen?

Im Lauf der Zeit hat sich automatisch ergeben, daß man neben den Verhandlungen beim Einkauf meiner Brillenfassungen immer auf Modelle stieß, die man sich aufheben wollte.

Wo finden Sie die Brillen?

Hauptsächlich in Frankreich und Amerika, bei Einkaufsreisen zu Großhändlern oder Firmen, die aufgelöst werden. Fast immer gab es dort alte Bestände auf Lager, die wir dann erwarben.

Welche ist ihre schönste Brille?

Da lege ich mich nicht fest. Jede Brille hat ihr eigenes Design oder eine besondere Materialbeschaffenheit, die einem gefällt. Aber festlegen will ich mich nicht.

Haben Sie ihre Sammlung nach bestimmten Gesichtspunkten aufgebaut?

Eigentlich lag der Sammlung kein bestimmter Vorsatz zugrunde, sondern wir haben vieles dem Zufall überlassen. Später wurden die Bestände dann nach Epochen der Herstellung geordnet.

Gibt es Tauschbörsen für Sammler?

Noch nicht.

Wie bewahrt man seine Sammlung am besten auf?

In Vitrinen, geschützt durch Glasscheiben.

Pflegetips?

Kunststoffbrillen sind recht beständig, obwohl der Zersetzungsprozeß von Celluloid, der einen weißen Belag entwickelt, nicht aufzuhalten ist und schließlich zum Brechen führt. Dagegen hilft höchstens ein leichtes Einfetten. Stärkere Reinigungsmittel sind zu vermeiden. Man sollte regelmäßig die Scharniere ölen. Auch nicht in Plastiktüten aufbewahren, da es dann zum Schwitzen kommt. Am längsten lebt eine Brille an der frischen Luft.

Gibt es Pläne für die Zukunft Ihrer Sammlung?

Es gibt noch keine konkrete Planung. Abhängig davon, wie sich die Brille in der Zukunft überhaupt entwickelt, ist an eine Präsentation und eine entsprechende Bearbeitung gedacht.

PFLEGETIPS

- Reinigen Sie die Gläser einer Brille mit Seifenlauge (Spülmittel) oder mit einer speziell für Gläser entwickelten Reinigungsflüssigkeit. Trocknen Sie die Gläser anschließend mit einem weichen Stoff- oder Papiertuch. Spezielle Reinigungstücher sorgen für fusselfreie Sicht und hinterlassen eine dünne Beschichtung, die Beschlagen bei Temperaturwechsel verhindert.
- Legen Sie Ihre Brille nie mit dem Glas nach unten auf harte Oberflächen.
- Wenn Sie Ihre Brille nicht tragen, bewahren Sie sie im Etui auf. Dadurch wird sie vor Verkratzen bzw. Bruch geschützt. Außerdem wird so die exakte Form der Brille erhalten.
- Achten Sie darauf, daß Ihre Brille nie extremer Hitze ausgesetzt ist (z. B. auf dem Armaturenbrett des Autos), so könnte es zu Materialverformungen der Kunststoffteile kommen.
- Ältere Brillen sollten funktionsfähig gehalten werden. Tropfen Sie etwas Öl auf die Scharniere, damit keine Korrosion ansetzen kann.
- Benutzen Sie keine Plastiktüten, um Ihre Sammlung aufzubewahren. Es entstehen darin besonders bei Kunststoffgestellen aggressive Verbindungen, die den Zersetzungsprozeß beschleunigen können.

GLOSSAR

Acetat: Chemiefaserstoff aus veresterter Cellulose.
Aufsteckteil: Zierteil, das von oben auf den Augenbrauenrand der Brille aufgesetzt wird.
Augenbrauenrand: Oberer Abschluß am Glasrand.
Augenrand: Seitlicher und unterer Glasrand.
Aviator-shape: Siehe Pilotenbrille.
Backe: Seitliches Ende des Mittelteils zur Verdeckung des Bügelansatzes.
Beryll: Grünliches, durchsichtiges Mineral.
Besatz: Plastisch aufgelegte Verzierung wie Straß oder künstliche Perlen.
Brauenlinie: Siehe Augenbrauenrand.
Brücke: Siehe Steg.
Bügel: Mittels Scharnieren an den Backen angebrachte Seitenteile, die die Fassung über den Ohren in Position halten.
Bügelbeschlag: Gegenstück zu den durch die Bügel geschraubten Scharnierbeschläge.
Bügeleinlage: Metalleinlage zur Stabilisierung von Kunststoffbügeln.
Bügelende: Freies Ende der Bügel, meistens am Ohr anliegend.
Bügelzierniete: Durch den Bügel gehende Befestigungsniete der Scharniere. Außenseitig als Zierteil gestaltet.
Bug: Bogen zwischen dem langgestreckten Teil des Bügels und dem freien Bügelende.
Celluloid: Leicht entflammbarer Kunststoff auf der Basis Cellulosenitrat.
Cellulose-Acetat: Schwer entflammbarer Kunststoff.
Celluloseester: Technisch bedeutende Verbindungen der Cellulose, in der die Hydroxilgruppen durch Säurereste ersetzt werden.
Doublé: Durch Gold- oder Silberüberzug veredeltes Metall.
Fassung: Brille ohne Gläser bestehend aus Mittelteil und Bügel.
Feder: Siehe Bügel.
Galalith: Auch Gallalith, griech. Milchstein. Kunststoff aus Kasein und Formaldehydlösung.
Glasbrille: Brille ohne Glasrand, bei der die Bügel und der Steg mit den perforierten Gläsern verschraubt werden.
Glasrand: Teil der Fassung, der das Glas hält. Besteht aus Augenbrauenrand und Augenrand.
Kaschierung: Mit dem Grundmaterial fest verbundene, einseitige Auflage.
Klappbrille: Gelenke im Steg und in den Bügeln ermöglichen es, die Brille so zuzuklappen, daß die Gläser übereinander liegen.
Klemmer: Unterhalb des Stegs befindet sich eine federnde Klemme, die einen entgegengesetzten Druck auf die Nasenseiten ausübt.
Kneifer: Eine Klemmfeder, die einen entgegengesetzten Druck auf die Nasenseiten ausübt, ersetzt den Steg.
Kombimodell: Metallfassungen mit Aufsteckteilen oder Kunststoffkaschierungen.
Korrektionsbrille: Fassung für Gläser, die bei Sehfehlern für den entsprechenden Ausgleich sorgt.
Lorgnette: Die starre Lorgnette verfügt über zwei große runde Gläser, die sich gemeinsam mit einem starren Bügel in ein Gehäuse zurückschlagen lassen. Die Gelenklorgnette verfügte über ein Gelenk zwischen den Gläsern, so daß sie sich übereinander schlagen lassen. Kleineres Gehäuse.

Mittelteil: Vorderteil der Fassung. Besteht aus Steg und zwei Glasrändern.
Mittelteilbeschlag: Siehe Bügelbeschlag.
Mittelteilzierniete: Siehe Bügelzierniete.
Monel: Legierung aus Nickel, Kupfer, Mangan und Eisen.
Monokel: Einglas, das durch den Muskelring des Auges gehalten wird.
Optyl: Für die Fassungsherstellung entwickelter Kunststoff aus Epoxidharz.
Pads: Seitlich zur Nase angesetzte Stützen des Mittelteils. Bei Metallfassungen ein an Steg oder Augenrand angesetzter Draht, an dem die Pads befestigt sind.
Perivist-Brille: Hochangesetzte Bügel und pantoskopische Gläser. Im Verlauf des Ohransatzes sind die Bügel elastisch.
Pex-Brille: Runder Augenrand, mit Celluloid eingefaßt. Steg und Bügel aus Metall.
Pilotenbrille: Tropfenförmige Gläser und gerader Balken über dem Steg.
Scharnier: Bewegliche Verbindung von Bügel und Mittelteil.
Scherenbrille: Die Stiele der Brille umfassen die Nase von unten wie eine Schere.
Schließblock: Am Öffnungsschlitz von Metallglasrändern angelötete Mutter, die zusammen mit der gegenüberliegenden Öse und der Schließblockschraube das eingesetzte Glas hält (Spannvorrichtung).
Seitensteg: Seitlich zur Nase angesetzte Stützen am Augenrand. Bei Kunststoff-Fassungen meistenteils im Augenrand integriert.
Seitenstegplättchen: Siehe Pads.
Spannvorrichtung: Bei Metallglasrändern notwendiger Verschluß zum Einsetzen und Auswechseln des Glases (Schließblock).
Spritzkaschierung: Kaschierung auf der Außenseite des Mittelteils. Nicht vollflächig sondern nur auf Augenbrauenrand, Backe oder der äußeren Hälfte des Augenrandes.
Steg: Den Nasenrücken überspannendes, zwei Glasränder verbindendes Bauteil zwischen den Augenbrauenrändern.
Versenkte Kaschierung: Überlagerung einer farbig-opaken Kaschierung durch einen weiteren, farblosen und transparenten Überzug. Erhöhung der Farbbrillanz beziehungsweise des Glanzeffektes.
Vollsichtbrille: Siehe Perivist-Brille.
Windsorbrille: Metallfassung. Die runden Glasränder sind mit Celluloid umlegt.
Zierniete: Siehe Bügelzierniete und Mittelteilzierniete.
Zierspange: Statt eines Mittelziernietenkopfes separates, den Nietenkopf verdeckendes Bauteil.

FOTONACHWEIS

Argenta: 84; Atair: 17u; Bausch & Lomb: 101-103; Bremer Landesmuseum: 60 o; Carrera 27 li, 83, 86 o, 87, 88 o+u, 99, 100; Casanova: 6; Cazal: 24 re, 25 o, 28 u, 36, 82 o; Deutsche Werkstätten Hellerau: 41 u; Deutsches Museum München: 57 u, 58 u; Essilor-Ehinger: 65; l.a. Eyeworks: 40 o, 105, 106, 107 u; Luxottica: 86 u; Menrad-Gruppe: 24 o, 32 u, 33, 41 o, 45 u, 48, 56 o, 90 u, 91 u; Optisches Museum, Oberkochen/ Carl Zeiss: 15 o, 16, 21, 21, 23, 26, 57 o, 58 o, 59 u, 60 u, 61 u, 62 u, 75 o, 92 u; PPR Harder: 90 o; Rodenstock, Foto Anker-Studio: 17 o, 22, 25 u, 27 o, 34 u, 35, 37, 39, 75 o, 76 re, 77 o, 78 li+o, 79; Safilo: 24 u, 28 o, 85, 86 u, 88 u, 89; Sotheby's London: 8-11; Swatch eyes: Titel, 14, 107 li; ZVA, Düsseldorf: 47, 56 u, 61 o, 64 u; Die übrigen Abbildungen aus dem Archiv des Verfassers, Foto A. Ziffer

REGISTER